안중근의사가 애송한 推句集으로 최초 PEN 敎本化한

美辭 推句集 原本 解說

NEW WORK BOOK

(원본 펜글씨 교본 겸용)

金泳培 編著

원본신해(原本新解)

- 삼강오륜(三綱五倫)
- 경조 · 증품 용어쓰기
- 반대의 뜻을 가진 漢字
- 특히 주의해야 할 획수
- 주자십회(朱子十悔)
- 약자 · 속자 일람표
- 잘못쓰기 쉬운 漢字

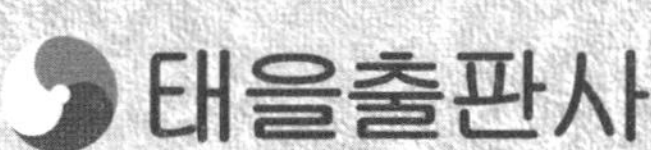

태을출판사

머 리 말

본 미사추구 펜글씨 교본은 기존의 추구집을 교본화 한 것으로 제목을 미사추구집이라 명명하여 일부 해설을 각색하였다. 추구집이란 단순히 고전의 경구가 아니라 시문화된 5언구로써 우리 조상들의 숨결이 살아 있는 듯한 민족의 혼이 깃들여 있는 것인만큼 정서적으로 우리들의 수양에 도움이 될 수 있으리라 사료된다. 앞으로 활성화 될 수밖에 없는 한문을 고전과 함께 학습할 수 있다는 생각에 교본으로 출간하기에 이르렀다.

一日不讀書이면 口中生荊棘(일일불독서이면 구중생형극-하루라도 글을 읽지 않으면 입안에 가시가 돋힌다)라는 말을 저 유명한 安重根 義士(안중근 의사)가 여순 감옥에서 남긴 여러 글귀 중에도 추구의 내용을 많이 응용한 글들이 많은 것으로 보아 안의사도 이 추구집을 애송했음을 짐작하고도 남음이 있다.

추구에는 우주의 섭리로부터 인간, 동식물, 자연의 오묘함을 시문으로 애송할 수 있도록 꾸며진 책으로써 인성·감성은 물론 한문을 그 운률로 말미암아 쉬 배울 수 있다는 점이 무엇보다 이 책의 강점이다.

우리 조상들의 슬기와 지혜가 글귀 하나하나 마다 스며있고 말할 수 없을 만큼 금옥같은 글귀들임을 강조하여 미래 지향적인 사고로 한자를 애써 학습하시는 분들께 커다란 성과를 가져다 주는 본서이길 기원하여 본다.

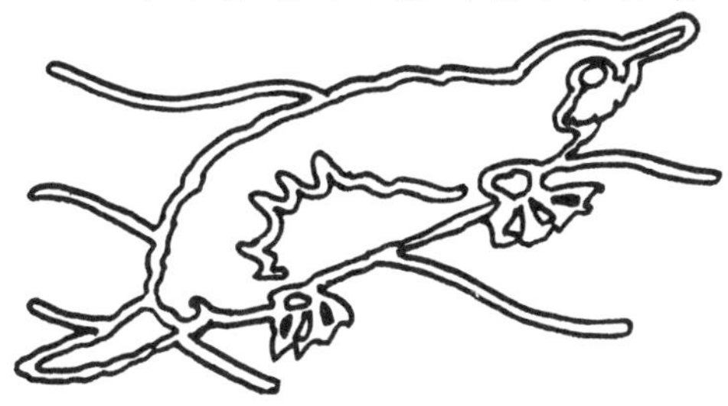

편자 김 영 배

일 러 두 기

■ 집필법

ㅇ볼펜을 잡을 때 볼펜심 끝으로부터 3㎝가량 위로 인지(人指)를 얹고 엄지를 가볍게 둘러대는데 이때 종이바닥면에서 50° ~ 60° 정도로 경사지게 잡는 것이 가장 좋은 자세입니다. 단, 손의 크기 또 볼펜의 종류나 폭의 굵기에 따라 개인 차는 있을 수 있습니다.

한자(漢字)에는 해서체(楷書體)・행서체(行書體)・초서체(草書體)가 있고 한글에는 각각 개개의 특유 한글체가 있으나 정자체와 흘림체로 대별하여 설명하자면 각기 그 나름대로 완급(緩急)의 차이가 있으나 해서체나 작은 글씨일수록 각도가 크고 행서・초서・흘림체나 큰 글씨일수록 경사 각도를 낮게하여 50° 이하로 잡습니다. 50°의 각도는 손 끝에 힘이 적게 드는 각도인데, 평소 볼펜이나 플러스펜을 쓸 때 정확히 쓰자면 50° ~ 60°의 경사 각도로 볼펜을 잡는 것이 가장 운필하기에 알맞을 자세라고 할 수 있습니다.

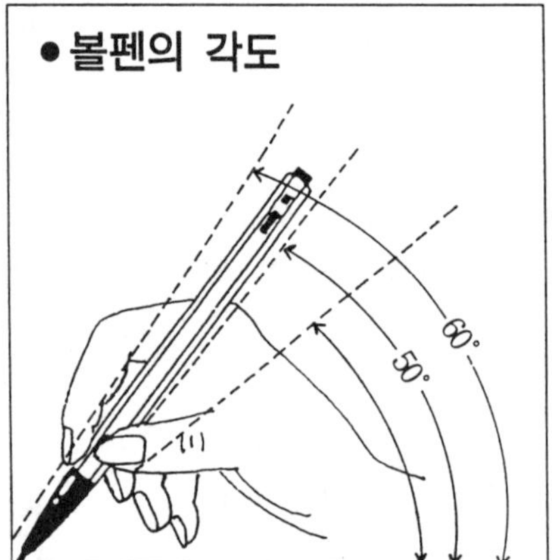

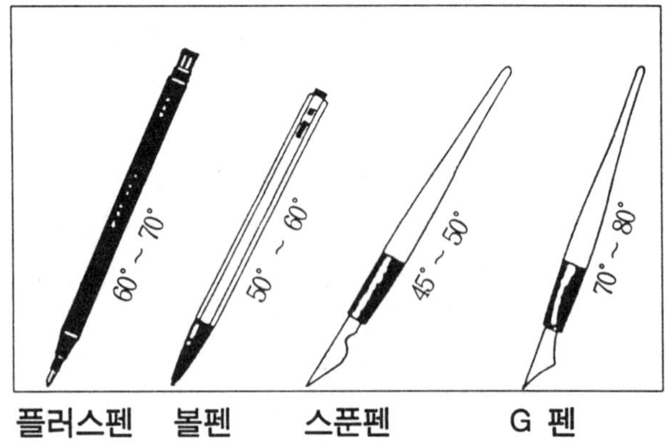

■ 볼펜과 이외의 용구

ㅇ볼펜이나 플러스펜은 현대에서의 보편적이고 합리적인 필기로써 일반적으로 쓰여지고 있습니다. 이외의 것으로 스푼펜을 비롯하여 챠드글씨용의 G펜, 제도용의 활콘펜 등이 있으나 스푼펜은 글씨 연습용으로 가장 적합한 필기구이지만 현실적으로 실용적이라 할 수 없어 볼펜이나 플러스펜으로 연습하려면 지면과의 각도를 크게 그리고 가급적 높게 잡아 쓰는 버릇이 효과를 가져오는데 절대적인 방법일 수 밖에 없습니다.

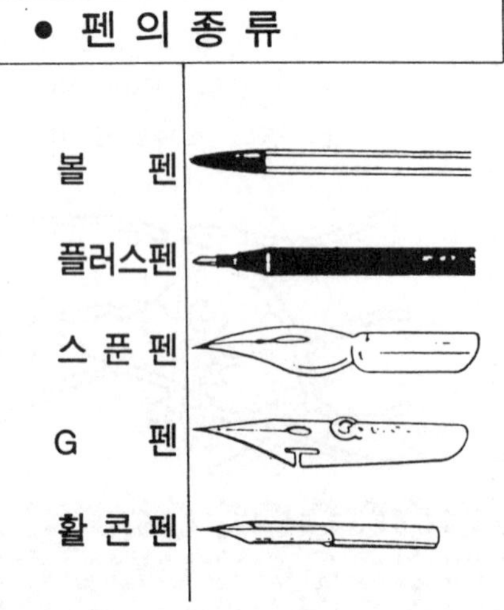

漢字의 基本 點 · 劃

⊙ 기본이 되는 점과 획을 충분히 연습한 다음 본문의 글자를 쓰십시오.

上

工

王

少

大

女

人

寸

下

中

目

句

子

京	丶	丶							
永	丶	丶							
小	八	八							
火	丷	丷							
千	丿	丿							
江	氵	氵							
無	灬	灬							
起	走	走							
建	廴	廴							
近	辶	辶							
成	㇂	㇂							
毛	乚	乚							
室	宀	宀							
風	⺄	⺄							

世界名言

♣ 인간은 생명을 잃어야 한다는 이것 밖에는 인생에 확실한 일은 없다.

-B.·릿튼-

NEW WORK BOOK

重要結構

天高日月明

천고일월명: 하늘은 청명하게 높고 해와 달은 밝으며,

天	高	日	月	明
하늘 천	높을 고	해 일	달 월	밝을 명

地厚草木生

지후초목생: 대지는 두텁고 풀과 나무가 잘 자라도다.

地	厚	草	木	生
땅 지	두터울 후	풀 초	나무 목	날 생

世界名言

♣ 우리들 인간은 울부짖으며 태어나서, 괴로와하면서 살고, 그리고 실망하면서 죽는다.
-T.풀러-「그노모르지아」

NEW WORK BOOK

重要結構

春來梨花白

춘래이화백 : 봄이 오니 배꽃이 하얗게 피었고,

春	來	梨	花	白
봄 춘	올 래	배 리	꽃 화	흰 백

夏至樹葉青

하지수엽청 : 여름이 오니 나뭇잎이 짙푸르도다.

夏	至	樹	葉	青
여름 하	절기 지	나무 수	잎 엽	푸를 청

世界名言

♣ 고통이 남기고 간 뒷맛을 맛보아라. 고난이 지나가면 반드시 단맛이 깃들게 되는 것이다.
-괴에테-

NEW WORK BOOK

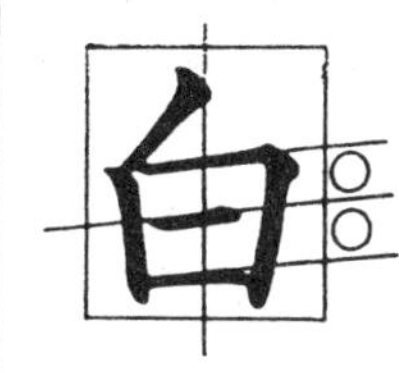

重要結構

秋涼菊黃發

추량국황발: 가을이 오면 서늘한 기운이 감돌아 국화가 만발하고,

秋	涼	菊	黃	發
가을 추	서늘 량	국화 국	누를 황	필 발

冬寒白雪來

동한백설래: 겨울이 오면 날씨가 차가와지며 흰눈이 포근히 내리도다.

冬	寒	白	雪	來
겨울 동	찰 한	흰 백	눈 설	올 래

世界名言

♣ 인생의 각 순간은 무덤으로 향하는 한 걸음 한 걸음이다.
-크레비용-

NEW WORK BOOK

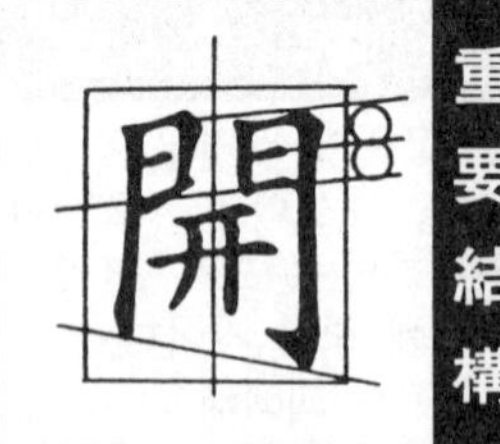

重要結構

月出天開眼

월출천개안: 달이 뜨니 하늘은 감았던 눈을 뜬 것 같고,

山高地擧頭

산고지거두: 산이 드높으니 땅은 머리를 든 것 같도다.

月	出	天	開	眼	山	高	地	擧	頭
달 월	날 출	하늘 천	열 개	눈 안	뫼 산	높을 고	땅 지	들 거	머리 두
月	出	天	開	眼	山	高	地	擧	頭
月	出	天	開	眼	山	高	地	擧	頭

世界名言

♣ 태어난 이상은 죽지 않으면 안 된다. 이것 이외에 보다 더 확실한 것은 없다.
-크리티아스-「단편」

NEW WORK BOOK

重要結構

人心朝夕變

인심조석변: 사람의 마음은 아침과 저녁 따라 변한다고 하나,

人	心	朝	夕	變
사람 인	마음 심	아침 조	저녁 석	변할 변
人	心	朝	夕	變

山色古今同

산색고금동: 산의 고고한 색깔은 옛날이나 지금이나 똑같도다.

山	色	古	今	同
뫼 산	빛 색	옛 고	이제 금	같을 동
山	色	古	今	同

世界名言

♣ 인생이란 오르고자 하는 것. 오르면서 자기를 초극하려는 것이다.
-니이체-

NEW WORK BOOK

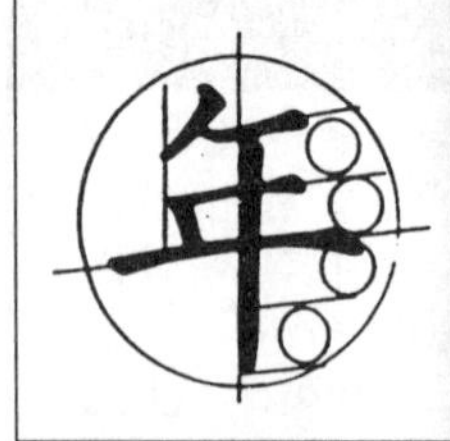

重要結構

日月千年鏡

일월천년경: 해와 달은 무한한 세월동안 하늘과 땅의 거울이요,

日	月	千	年	鏡
해 일	달 월	일천 천	해 년	거울 경

江山萬古屛

강산만고병: 강과 산세가 무궁한 세월 동안 병풍이 되었도다.

江	山	萬	古	屛
강 강	뫼 산	일만 만	옛 고	병풍 병

世界名言

♣ 잠들지 않으면 밤이 길고, 피곤하면 길이 멀고, 어리석으면 생사가 길다.

「법구경」

NEW WORK BOOK

重要結構

東西日月門

동서일월문: 동과 서는 해와 달의 나고 드는 문이었고,

東	西	日	月	門
동녘 동	서녘 서	해 일	달 월	문 문

南北鴻雁路

남북홍안로: 남과 북은 기러기떼의 줄지어 나르는 행로 였으리라.

南	北	鴻	雁	路
남녘 남	북녘 북	기러기 홍	기러기 안	길 로

世界名言

♣ 인생은 불만과 권태와의 사이를 오가는 시계추에 불과하다.
-소오펜하우에르-

NEW WORK BOOK

十年燈下苦

십년등하고: 십년 동안이나 열심히 등잔 밑에서 공부를 하여,

十	年	燈	下	苦
열 십	해 년	등잔 등	아래 하	괴로울 고

三日馬頭榮

삼일마두영: 벼슬길에 올라 사흘간 말을 타고 축하를 받는다.

三	日	馬	頭	榮
석 삼	날 일	말 마	머리 두	영화 영

世界名言

♣ 인생은 행복한 사람에게는 짧고, 불행한 사람에게는 지루하다.
「그리스 격언」

NEW WORK BOOK

重要結構

一日不讀書

일일불독서: 하루라도 글을 읽지 않으면

一	日	不	讀	書
한 일	날 일	아니 불	읽을 독	글 서

口中生荊棘

구중생형극: 입안에 가시가 돋는다.

口	中	生	荊	棘
입 구	가운데 중	날 생	가시 형	가시 극

世界名言

♣ 추위에 떤 일이 있는 사람일수록 태양을 따뜻하게 느낀다.
-휘트먼-

NEW WORK BOOK

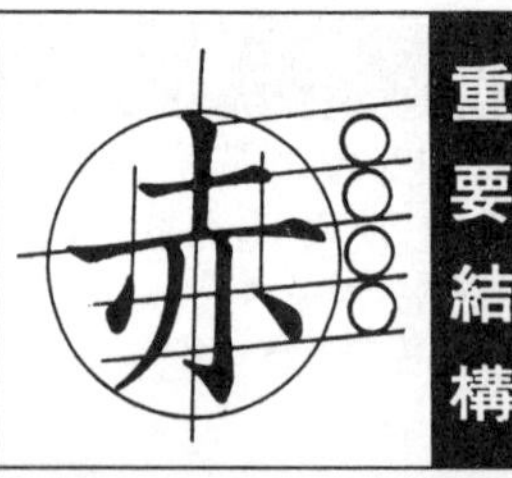

重要結構

江山萬古主

강산만고주: 흐르는 강과 고고한 산은 만고의 주인였음이나,

江	山	萬	古	主
강 강	뫼 산	일만 만	옛 고	주인 주

人物百年賓

인물백년빈: 인간은 그 강산에서 잠시 머물다 가는 손님이로다.

人	物	百	年	賓
사람 인	만물 물	일백 백	해 년	손 빈

世界名言

♣ 그대들은 짐승처럼 살기 위하여 태어난 것이 아니니다. 덕과 예지를 구하기 위한 것이다.
-단테-「신곡」

NEW WORK BOOK

重要結構

春北秋南雁

춘북추남안 : 봄에는 북쪽, 가을에는 남쪽으로 기러기는 왕래하고,

朝西暮東虹

조서모동홍 : 아침엔 서쪽 저녁엔 동쪽에 무지개는 빛나도다.

春	北	秋	南	雁	朝	西	暮	東	虹
봄 춘	북녘 북	가을 추	남녘 남	기러기 안	아침 조	서녘 서	저물 모	동녘 동	무지개 홍
春	北	秋	南	雁	朝	西	暮	東	虹
春	北	秋	南	雁	朝	西	暮	東	虹

世界名言

♣ 인생은 짧고 예술은 길고, 기회는 놓치기 쉽고, 경험은 미덥지 않고, 판단은 어렵다.
-히포크라테스-

NEW WORK BOOK

重要結構

日月籠中鳥

일월농중조: 해와 달은 새장 속(우주)에 있는 새와 같고,

日	月	籠	中	鳥
해 일	달 월	새장 롱	가운데 중	새 조

乾坤水上萍

건곤수상평: 하늘과 땅의 움직임은 물위에 뜬 부평초와 같도다.

乾	坤	水	上	萍
하늘 건	땅 곤	물 수	위 상	부평초 평

世界名言

♣ 창조는 투쟁에서 생긴다. 투쟁이 없는 곳에 인생은 없다.
-비스마르크-

NEW WORK BOOK

重要結構

春水滿四澤

춘수만사택 : 봄이 오면 못에 물이 가득 차고,

春	水	滿	四	澤
봄 춘	물 수	가득할 만	넉 사	못 택
春	水	滿	四	澤
春	水	滿	四	澤

夏雲多奇峯

하운다기봉 : 여름철의 구름은 기기묘묘한 봉우리를 만드는도다.

夏	雲	多	奇	峯
여름 하	구름 운	많을 다	기묘할 기	봉우리 봉
夏	雲	多	奇	峯
夏	雲	多	奇	峯

世界名言

♣ 저마다 내일이 오늘보다 낫도록 행동하는 그것이 인생이다.
「인생예찬」

NEW WORK BOOK

重要結構

秋月揚明輝

추월양명휘: 가을에 뜨는 달은 청아한 빛으로 밝게 드날리고

秋	月	揚	明	輝
가을 추	달 월	드날릴 양	밝을 명	빛날 휘

冬嶺秀孤松

동령수고송: 겨울 산고개에 외롭게 서있는 저 소나무는 더욱 푸르름이 돋보이는도다.

冬	嶺	秀	孤	松
겨울 동	산고개 령	빼어날 수	외로울 고	소나무 송

世界名言

♣ 돼지가 되어 포식을 즐기기보다는, 차라리 사람이 되어 슬퍼하련다.
-소크라테스-

NEW WORK BOOK

重要結構

日暮鷄登塒

일모계등시: 날이 저물면 닭은 제 닭장을 찾아들고,

日	暮	鷄	登	塒
날 일	저녁 모	닭 계	오를 등	닭장 시

天寒鳥入檐

천한조입첨: 하늘에 찬기운이 덮혀 새들도 처마에 들도다.

天	寒	鳥	入	檐
하늘 천	찰 한	새 조	들 입	처마 첨

世界名言

♣ 인간은 태어나는 순간부터, 지배하든가, 아니면 지배를 받든가로 운명이 결정되어 있다.
-아리스토텔레스-

NEW WORK BOOK

細雨池中看

세우지중간: 가느다란 빗줄기는 못 가운데서 뿌려짐을 볼 수 있고,

細	雨	池	中	看
가늘 세	비 우	못 지	가운데 중	볼 간

微風木末知

미풍목말지: 슬며시 부는 바람은 나무가지 끝을 떨게 함을 알 수 있도다.

微	風	木	末	知
가늘 미	바람 풍	나무 목	끝 말	알 지

世界名言

♣ 인간의 최대 가치는 인간이 외계에 가능한 한 좌우되지 아니하고, 이것을 가능한 한 좌우하는데 있다. -괴에테-

NEW WORK BOOK

重要結構

松作迎客蓋

송작영객개: 소나무는 넓다랗게 덮혀 있어 마치 손님을 맞는 듯 하고

松	作	迎	客	蓋
소나무 송	지을 작	맞을 영	손님 객	덮을 개
松	作	迎	客	蓋

月爲讀書燈

월위독서등: 달이 밝으니 글 읽는 이의 등불 구실을 하는도다.

月	爲	讀	書	燈
달 월	할 위	읽을 독	글 서	등잔 등
月	爲	讀	書	燈

世界名言

♣ 운명을 향하여 울부짖고 매도한들 무슨 소용이 있으랴!

-에우리피데스-

NEW WORK BOOK

重要結構

桃李千機錦

도리천기금: 복숭아꽃과 오얏꽃은 베틀에 매어 있는 비단 같고,

桃	李	千	機	錦
복숭아 도	오얏 리	일천 천	베틀 기	비단 금
桃	李	千	機	錦
桃	李	千	機	錦

江山一畵屛

강산일화병: 강과 산은 한 폭의 병풍에 펼쳐진 그림 같도다.

江	山	一	畵	屛
강 강	뫼 산	한 일	그림 화	병풍 병
江	山	一	畵	屛
江	山	一	畵	屛

世 界 名 言

♣ 인간에게는 제각기 다른 운명이 있다고 할지라도 인간을 초월한 운명은 없다.

-카 뮈-

NEW WORK BOOK

重要結構

微雲過河漢

미운과하한: 엷은 구름은 황하와 한수의 물줄기 위를 유유히 지나가고,

微	雲	過	河	漢
가늘 미	구름 운	지낼 과	황하수 하	한수 한

疎雨滴梧桐

소우적오동: 갑자기 퍼붓는 소나기는 오동나무잎을 적시는구나.

疎	雨	滴	梧	桐
드물 소	비 우	적실 적	오동나무 오	오동나무 동

世界名言

♣ 운명은 화강암보다도 견고하지만, 인간의 양심은 운명보다도 견고하다.
-위 고-

NEW WORK BOOK

重要結構

學文千載寶

학문천재보 : 글을 배워서 익히면 천년의 보배가 될수 있으나,

學	文	千	載	寶
배울 학	글월 문	일천 천	실을 재	보배 보

貪物一朝塵

탐물일조진 : 물질에 탐욕만을 일삼는 이는 하루 아침에 티끌로 사라지도다.

貪	物	一	朝	塵
탐할 탐	물건 물	한 일	아침 조	티끌 진

世界名言

♣ 신일지라도 필연과는 싸우지 않는다.
-시모니데스, 플라톤-

NEW WORK BOOK

重要結構

柳幕鶯爲客

유막앵위객: 버드나무의 장막처럼 쳐진 가지는 꾀꼬리를 손님으로 맞이하고,

柳	幕	鶯	爲	客
버들 류	장막 막	꾀꼬리앵	할 위	손님 객
柳	幕	鶯	爲	客
柳	幕	鶯	爲	客

花房蝶作郎

화방접작랑: 온갖 꽃들은 자기 밭에서 나비를 서방님으로 모시는구나.

花	房	蝶	作	郎
꽃 화	방 방	나비 접	지을 작	남편 랑
花	房	蝶	作	郎
花	房	蝶	作	郎

世界名言

♣ 나쁜 방법으로 얻은 것은 나쁜 응보를 받게 마련이다.
-세익스피어-

NEW WORK BOOK

重要結構

山外山不盡

산외산부진 : 첩첩산 중의 이어지는 능선이 넘어도 넘어도 끝이 없듯,

山	外	山	不	盡
뫼 산	바깥 외	뫼 산	아니 불	다할 진

路中路無窮

노중로무궁 : 인생의 여로는 가도가도 끝이 없이 이어지도다.

路	中	路	無	窮
길 로	가운데 중	길 로	없을 무	다할 궁

世界名言

♣ 행운은 위대한 스승이다. 불운은 그보다 더 위대한 스승이다.
-해즐릿-

NEW WORK BOOK

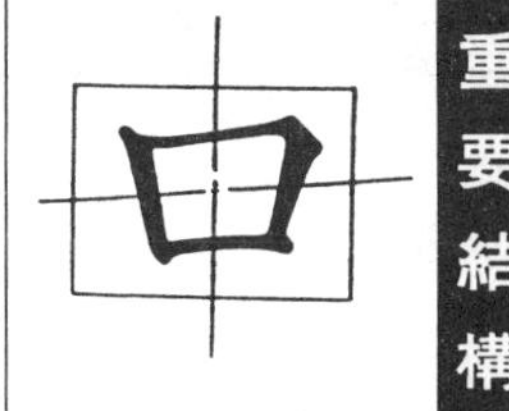

重要結構

飮酒人顔赤

음주인안적: 술을 마시면 사람의 얼굴이 붉어지고,

飮	酒	人	顔	赤
마실 음	술 주	사람 인	얼굴 안	붉을 적

食草馬口青

식초마구청: 풀을 뜯는 말은 입가에는 푸른 물이 마를 사이가 없도다.

食	草	馬	口	青
먹을 식	풀 초	말 마	입 구	푸를 청

世界名言

♣ 나는 운명의 목을 조르고 싶다. 어떠한 일이 있어도 운명에 짓눌리고 싶지 않다.
-베에토오벤-

NEW WORK BOOK

重要結構

雨後山如沐

우후산여목 : 비가 온 뒤의 산은 목욕을 한 것 같이 단아하고,

雨	後	山	如	沐
비 우	뒤 후	뫼 산	같을 여	목욕할 목

風前草似醉

풍전초사취 : 바람이 불어 앞에 퍼질러진 초목은 취한 듯 이리저리 흔들리는구나.

風	前	草	似	醉
바람 풍	앞 전	풀 초	같을 사	취할 취

世界名言

♣ 인생이 시작되자 마자, 거기에 위험이 기다린다.

-에머슨-
「강연」에서

NEW WORK BOOK

重要結構

花笑聲未聽

화소성미청: 꽃들이 애써 웃고 있지만 그 소리는 듣지 못하고,

花	笑	聲	未	聽
꽃 화	웃음 소	소리 성	아닐 미	들을 청

鳥啼淚難看

조제루난간: 새들은 저마다 울어재치지만 그 눈물을 볼 수가 없구나.

鳥	啼	淚	難	看
새 조	울 제	눈물 루	어려울난	볼 간

世界名言

♣ 가장 커다란 위험은 승리의 순간에 도사린다.
-나폴레옹-

NEW WORK BOOK

重要結構

風驅群飛雁

풍구군비안 : 바람은 불어서 기러기 무리를 쫓아 날려 버리고,

風	驅	群	飛	雁
바람 풍	쫓아보낼 구	무리 군	날 비	기러기 안

月送獨去舟

월송독거주 : 달빛아래서 홀로 떠나갈 배를 전송하는도다.

月	送	獨	去	舟
달 월	보낼 송	홀로 독	갈 거	배 주

世界名言

♣ 위인들이 위대한 일을 기도함은 그것이 위대한 까닭이다.
-보브나르그-
「성찰과 격언」

NEW WORK BOOK

重要結構

小園鶯歌歇

소원앵가헐: 아담한 정원은 아름다운 꾀꼬리가 노래하며 쉬는 곳이고,

小	園	鶯	歌	歇
적을 소	동산 원	꾀꼬리 앵	노래 가	쉴 헐

長門蝶舞多

장문접무다: 대문마다 나비들이 떼를 지어 너울너울 춤을 추는구나.

長	門	蝶	舞	多
길 장	문 문	나비 접	춤출 무	많을 다

世界名言

♣ 신은 행동하지 않는 자를 돌보지않는다.
-소포클레스-
「단편」

NEW WORK BOOK

重要結構

風窓燈易滅

풍창등이멸 : 열린 창문으로 바람이 불어와 갑자기 등잔불이 꺼지고,

風	窓	燈	易	滅
바람 풍	창문 창	등잔 등	쉬울 이	멸할 멸

月屋夢難成

월옥몽난성 : 집을 온통 싼 달빛이 낮과 같이 휘황하여 잠(꿈)을 이룰 수가 없도다.

月	屋	夢	難	成
달 월	집 옥	꿈 몽	어려울 난	이룰 성

世界名言

♣ 욕망과 사랑은 위대한 행위를 위한 양쪽 날개이다.

-괴에테-

NEW WORK BOOK

重要結構

白鷺千點雪

백로천점설: 흰 백로는 온통 흰 눈으로 치장한 것 같이 무리지고,

白	鷺	千	點	雪
흰 백	백로 로	일천 천	점 점	눈 설

黃鶯一片金

황앵일편금: 황금 꾀꼬리는 얼핏 한 덩어리의 황금으로 보이는도다.

黃	鶯	一	片	金
누를 황	꾀꼬리앵	한 일	조각 편	쇠 금

世界名言

♣ 배(梨)를 따려면 배나무에 올라가야지 느릅나무에 오르면 안 된다.
-시루스-

NEW WORK BOOK

重要結構

東西幾萬里

동서기만리 : 동서로 이어지는 마을들은 몇 만리인가 끝을 알 수 없고,

東	西	幾	萬	里
동녘 동	서녘 서	몇 기	일만 만	마을 리

南北不能尺

남북불능척 : 남북으로 펼쳐진 들녘은 자로 잴 수가 없을 만큼 아득하도다.

南	北	不	能	尺
남녘 남	북녘 북	아니 불	능할 능	자 척

世界名言

♣ 밀고 나아가라. 무덤 속에서는 할 일도 연장도 없으니까.

-N.P.윌리스-

NEW WORK BOOK

重要結構

狗走梅花落

구주매화락: 개가 달리노라면 매화꽃은 소리없이 떨어지고,

狗	走	梅	花	落
개 구	달릴 주	매화 매	꽃 화	떨어질 락

鷄行竹葉成

계행죽엽성: 닭이 다니는 곳엔 대나무가 잎을 무성히 뻗어 있도다.

鷄	行	竹	葉	成
닭 계	다닐 행	대 죽	잎사귀 엽	이룰 성

世界名言

♣ 행복은 꿈에 지나지 않으나, 고통은 현실이다.
-볼테에르-

NEW WORK BOOK

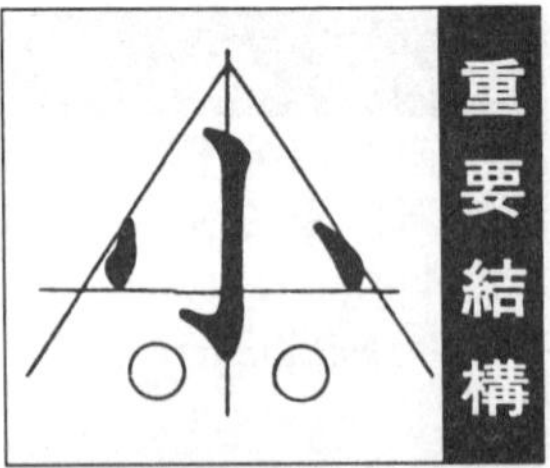

竹筍黃犢角

죽순황독각: 대나무 죽순은 누른 송아지의 갓자란 뿔과 같고,

竹	筍	黃	犢	角
대 죽	죽순 죽	누를 황	송아지독	뿔 각

蕨芽小兒拳

궐아소아권: 고사리의 새싹은 뭉실한 것이 어린아이 주먹 같도다.

蕨	芽	小	兒	拳
고사리궐	싹 아	적을 소	어린이아	주먹 권

世界名言

♣ 고난이야말로 인생의 참된 모습이다. 우리들의 최후의 희열과 위안은 고생했던 과거의 추억인것이다. -뮈 세-

NEW WORK BOOK

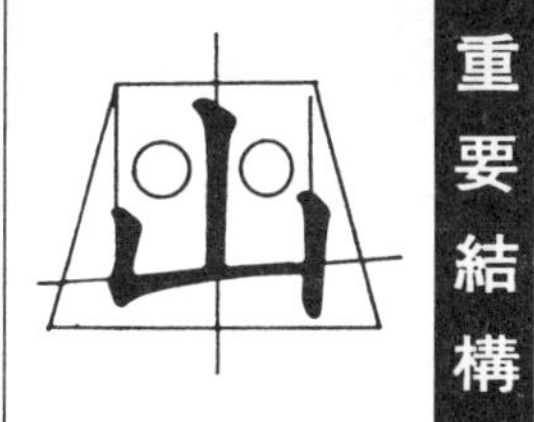

重要結構

白雲山上蓋

백운산상개: 백운은 산 봉우리를 걸치듯 뒤덮고 있으며,

白	雲	山	上	蓋
흰 백	구름 운	뫼 산	위 상	덮을 개
白	雲	山	上	蓋
白	雲	山	上	蓋

明月水中珠

명월수중주: 밝은 달은 우물 속에서 빛을 발하는 구슬같구나.

明	月	水	中	珠
밝을 명	달 월	물 수	가운데중	구슬 주
明	月	水	中	珠
明	月	水	中	珠

世界名言

♣ 알맞을 때의 한 바늘은 나중에 아홉 바늘을 대신한다.

-T. 풀러-
「금언집」

NEW WORK BOOK

重要結構

花紅黃蜂鬧

화홍황봉뇨 : 꽃들이 붉고 누렇게 만발하면 벌들은 시끄러울 정도로 노래하고,

花	紅	黃	蜂	鬧
꽃 화	붉을 홍	누를 황	벌 봉	시끄러울 뇨
花	紅	黃	蜂	鬧

草綠白馬嘶

초록백마시 : 푸르른 초원에서는 백마가 즐겁게 울며 뛰놀도다.

草	綠	白	馬	嘶
풀 초	푸를 록	흰 백	말 마	울 시
草	綠	白	馬	嘶

世界名言

♣ 건강한 육체는 영혼의 안식처이며, 병든 육체는 영혼의 감옥이다.
-F. 베이컨-

NEW WORK BOOK

重要結構

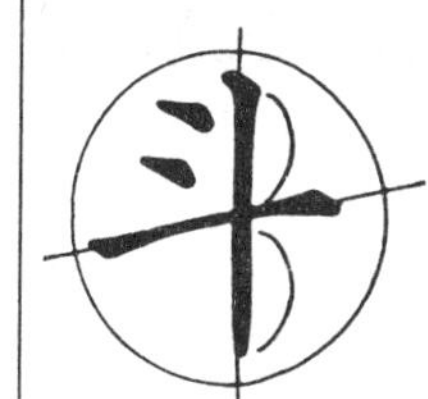

耕田埋春色

경전매춘색: 농부들이 밭을 갈면 푸른 봄을 대지속으로 묻는 것 같고,

耕	田	埋	春	色
갈 경	밭 전	묻을 매	봄 춘	빛 색

汲水斗月光

급수두월광: 물을 길러온 항아리 속에 달빛도 함께 떠온 것 같도다.

汲	水	斗	月	光
물길을 급	물 수	말 두	달 월	빛날 광

世界名言

♣ 의심할 여지없이 희열의 하나는 근로 뒤의 휴식이다.
-칸 트-

NEW WORK BOOK

重要結構

畵虎難畵骨

화호난화골 : 호랑이의 모습은 그릴 수 있지만 그 뼈는 그릴 수 없듯이,

畵	虎	難	畵	骨
그림 화	호랑이호	어려울난	그림 화	뼈 골

知人未知心

지인미지심 : 사람은 누구나 사귈 수는 있지만 그 마음만은 진정 알 수가 없도다.

知	人	未	知	心
알 지	사람 인	아닐 미	알 지	마음 심

世界名言

♣ 병든 제왕보다 건강한 수선공이 더 훌륭한 사람이라는 게 나의 금언이다.

-비커어스탑-

NEW WORK BOOK

重要結構

秋葉霜前落

추엽상전락: 가을 나뭇잎은 서리를 맞고 나면 낙엽으로 뒤둥굴리고.

秋	葉	霜	前	落
가을 추	잎사귀엽	서리 상	앞 전	떨어질락
秋	葉	霜	前	落

春花雨後紅

춘화우후홍: 봄철에 만개한 꽃은 비가 내린 후에 더욱 요염하게 붉어지도다.

春	花	雨	後	紅
봄 춘	꽃 화	비 우	뒤 후	붉을 홍
春	花	雨	後	紅

世界名言

♣ 옳고 그릇된 것의 척도가 되는 것은, 최대 다수의 최대 행복이다.

-벤 덤-

「통치론단편」

NEW WORK BOOK

重要結構

雨滴沙顔縛

우적사안박: 비에 적신 드넓은 백사장이 얼굴이 얽은 것처럼 얼룩지고,,

雨	滴	沙	顔	縛
비 우	적실 적	모래 사	얼굴 안	얽을 박

風來水先動

풍래수선동: 바람이 불면 수면이 다투어 넘실대는도다.

風	來	水	先	動
바람 풍	올 래	물 수	먼저 선	움직일동

世界名言

♣ 행복한 생활의 본질은, 근심으로부터의 해방이다.

-키케로-
「우정론」

NEW WORK BOOK

重要結構

吹火女脣尖

취화여순첨 : 불꽃을 불어 붉어진 것처럼 여자아이 입술은 뾰죽하고,

吹	火	女	脣	尖
불 취	불 화	계집 녀	입술 순	뾰죽할첨
吹	火	女	脣	尖
吹	火	女	脣	尖

脫弁僧頭圓

탈변승두원 : 고깔을 벗은 중의 머리는 둥글고 빛나는도다.

脫	弁	僧	頭	圓
벗길 탈	고깔 변	중 승	머리 두	둥글 원
脫	弁	僧	頭	圓
脫	弁	僧	頭	圓

世界名言

♣ 아아! 인간이여. 행복은 마음속에 있거늘 어찌하여 그대는 밖에서 찾는고?

-보에티우스-

NEW WORK BOOK

重要結構

天傾西北邊

천경서북변 : 하늘은 서쪽과 북쪽가로 이어져 기울어진 것 같고,

天	傾	西	北	邊
하늘 천	기울어질 경	서녘 서	북녘 북	가 변

地卑東南界

지비동남계 : 대지는 동쪽과 남쪽의 경계를 이어 낮게 펼쳐져있는 것 같도다.

地	卑	東	南	界
땅 지	낮을 비	동녘 동	남녘 남	경계 계

世界名言

♣ 불행에 대한 특효약은 없다. 단지 옛부터 인내라든가 체념이라고 하는 따위의 미덕이 있을 뿐이다.
-A.L. 헉슬리-

NEW WORK BOOK

重要結構

花有重開日 人無更少年

화유중개일 : 꽃은 피었다 지면 다시 필 날이 있지만,

인무갱소년 : 사람은 한 번 늙으면 다시는 소년이 될 수 없도다.

花	有	重	開	日	人	無	更	少	年
꽃 화	있을 유	거듭 중	열 개	날 일	사람 인	없을 무	다시 갱	젊을 소	해 년
花	有	重	開	日	人	無	更	少	年
花	有	重	開	日	人	無	更	少	年

世界名言

♣ 행운의 여신은 용감한 사람에게 호의를 보인다.
-테렌티우스-
「포르미오」

NEW WORK BOOK

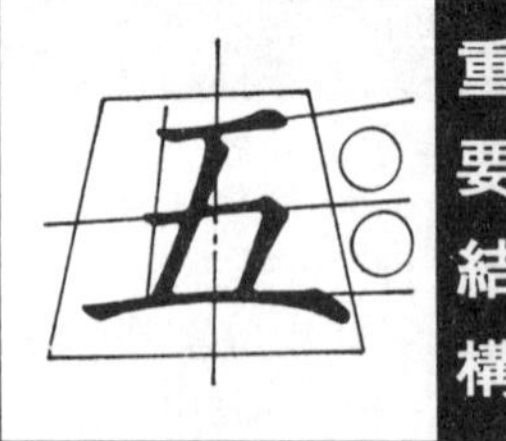

重要結構

鳥逐花間蝶

조축화간접: 새는 꽃 틈바구니 사이의 나비를 좇아 다니고,

鳥	逐	花	間	蝶
새 조	쫓을 축	꽃 화	사이 간	나비 접
鳥	逐	花	間	蝶
鳥	逐	花	间	蝶

鷄爭草中蟲

계쟁초중충: 닭은 풀속의 작은 벌레들을 다투어 잡는도다.

鷄	爭	草	中	蟲
닭 계	다툴 쟁	풀 초	가운데 중	벌레 충
鷄	爭	草	中	蟲
鷄	争	草	中	虫

世界名言

♣ 청년기는 실수요, 장년기는 투쟁이며, 노년기는 후회이다.
-디즈레일리-
「코닝스비」

NEW WORK BOOK

重要結構

山影推不出 月光掃還生

산영추불출: 산 그림자는 들추어 잡으려 해도 잡히지 아니하고,

월광소환생: 휘황한 달빛은 빗자루로 쓸어도 쓸어도 다시 생기는구나.

山	影	推	不	出	月	光	掃	還	生
뫼 산	그림자 영	밀 추	아니 불	날 출	달 월	빛 광	쓸 소	다시 환	날 생
山	影	推	不	出	月	光	掃	還	生
山	影	推	不	出	月	光	掃	還	生

世界名言

♣ 마흔 살은 청년의 노년기이고, 쉰 살은 노인의 청춘기이다.

-위 고-

NEW WORK BOOK

重要結構

鳥喧蛇登樹

조훤사등수: 새가 지저귈 때면 나무위로 뱀도 기어오르고,

鳥	喧	蛇	登	樹
새 조	지껄일 훤	뱀 사	오를 등	나무 수

犬吠客到門

견폐객도문: 개가 짖어댐이 마치 손님이 문간에 와 있음을 알리는 것같도다.

犬	吠	客	到	門
개 견	개짖을 폐	손 객	이를 도	문 문

世界名言

♣ 과거는 지나가 버린 장례식과 같고, 미래는 불청객이다.

-E. 코우크-

NEW WORK BOOK

重要結構

風來水面嚬

풍래수면빈: 바람이 불어와 자꾸 수면을 찰랑대게 하고,

風	來	水	面	嚬
바람 풍	올 래	물 수	얼굴 면	찾을 빈

雨霽雲始散

우제운시산: 비가 그치고난 뒤에는 이윽고 구름도 흩어지도다.

雨	霽	雲	始	散
비 우	비개일 제	구름 운	비로소 시	흩어질 산

世界名言

♣ 현재는 강력한 신성이다. (현재는 과거가 뿌린 씨앗의 열매)

-T. 풀러-

「금언집」

NEW WORK BOOK

重要結構

石蹲壯士拳

석준장사권: 돌이 언덕위에 있는 모양이 장사의 우왁스러운 주먹 같고,

石	蹲	壯	士	拳
돌 석	걸터앉을준	장사 장	선비 사	주먹 권
石	蹲	壯	士	拳

峯尖文章筆

봉첨문장필: 산봉우리가 글을 쓸 때의 붓을 세운 것같이 뾰족하도다.

峯	尖	文	章	筆
봉우리봉	뾰족할첨	글월 문	글월 장	붓 필
峯	尖	文	章	筆

世 界 名 言

♣ 미래는 운명의 손이 아니라, 우리의 손에 달려 있다는 것을 명심하고, 또한 그것이 진리임을 확신하라. -J. 지스랑-

NEW WORK BOOK

重要結構

高峯撐天立

고봉탱천립: 높은 산봉우리들은 하늘을 기둥으로 버텨 서 있는 것 같고,

高	峯	撐	天	立
높을 고	봉우리 봉	버틸 탱	하늘 천	설 립

長江割地去

장청할지거: 길고 긴 강줄기는 대지를 베고 나아가는 것 같도다.

長	江	割	地	去
길 장	강 강	나눌 할	땅 지	갈 거

世界名言

♣ 신은 사려 깊게도, 미래가 나타낼 모양을 칠흑같이 어두운 밤으로 덮었나니라.

-호라티우스-

NEW WORK BOOK

重要結構

野廣天低樹

야광천저수: 들녘은 넓고 넓어 하늘이 나무아래 펼쳐진 것 같고,

野	廣	天	低	樹
들 야	넓을 광	하늘 천	낮을 저	나무 수

江清月近人

강청월근인: 맑고 푸른 강물은 마치 달을 품고 사람 가까이 있는 것같도다.

江	清	月	近	人
강 강	맑을 청	달 월	가까울 근	사람 인

世界名言

♣ 현재는 무한한 선의 길이를 둘로 나눌수 없는 점이다.

-디드로-

NEW WORK BOOK

重要結構

鳥宿池邊樹					僧鼓月下門				
조숙지변수: 새들은 연못 가에 서 있는 나무에서 잠을 자고,					승고월하문: 절에서는 스님이 달빛 아래서 문에 매달린 북을 치는구나.				
鳥	宿	池	邊	樹	僧	鼓	月	下	門
새 조	잘 숙	못 지	가 변	나무 수	중 승	두드릴 고	달 월	아래 하	문 문
鳥	宿	池	邊	樹	僧	鼓	月	下	門
鳥	宿	池	邊	樹	僧	鼓	月	下	门

世界名言

♣ 사람들이 자기를 알아주지 않는 것을 근심하지 말고, 자기의 능력이 모자람을 걱정하라.
-공자- 「논어헌문편」

NEW WORK BOOK

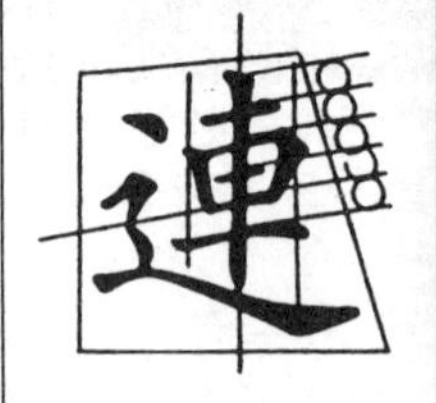

重要結構

水鳥浮還沒

수조부환몰: 물새들은 물에 떴다 잠기는 놀이를 거듭하고,

水	鳥	浮	還	沒
물 수	새 조	뜰 부	돌아올환	잠길 몰

山雲斷復連

산운단부연: 산위에 걸려 있는 구름은 이어졌다 끊기고 다시 이어지는구나.

山	雲	斷	復	連
뫼 산	구름 운	끊어질단	다시 부	연할 연

世界名言

♣ 어머니란 어린 자식의 입과 마음에서는 하나님과 같은 이름이다.
-G.E. 레싱-

NEW WORK BOOK

重要結構

棹穿波底月

도천파저월: 배를 젓는 노는 파도 아래 비친 달을 가르며 나아간 것 같고,

棹	穿	波	底	月
노저을도	뚫을 천	물결 파	밑 저	달 월

船壓水中天

선압수중천: 물위에 뜬 배는 물속에 담겨진 하늘을 누르는 것 같도다.

船	壓	水	中	天
배 선	누를 압	물 수	가운데중	하늘 천

世界名言

♣ 어머니의 마음은 자식의 공부방이다.
-H.W. 비이처-
「인생사상록」

NEW WORK BOOK

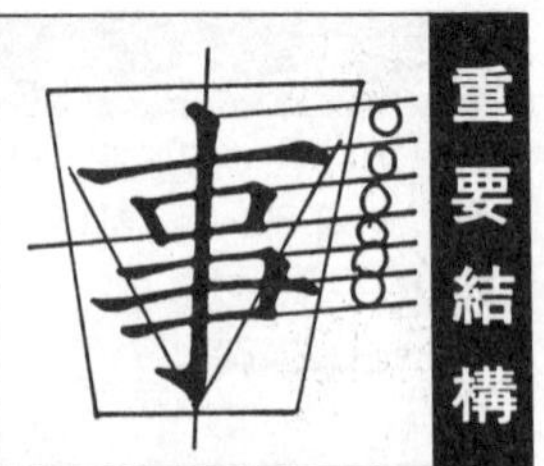

世事琴三尺

세사금삼척 : 세상의 모든 일은 거문고 석자 길이로 비유되고,

世	事	琴	三	尺
세상 세	일 사	거문고금	석 삼	자 척
世	事	琴	三	尺
世	事	琴	三	尺

生涯酒一盃

생애주일배 : 인간의 생애는 한 잔 술로 비유되는도다.

生	涯	酒	一	盃
날 생	물가 애	술 주	한 일	잔 배
生	涯	酒	一	盃
生	涯	酒	一	盃

世界名言

♣ 어떤 일이든 제 정신을 잃지 않는 사람은 잃을 정신도 없는 사람이다.

-G.E. 레싱-

NEW WORK BOOK

重要結構

西亭江上月

서정강상월 : 서쪽 정자 앞으로 강이 흐르고 달이 그 물위에 떠 있으며,

西	亭	江	上	月
서녘 서	정자 정	강 강	위 상	달 월

東閣雪中梅

동각설중매 : 동쪽 정자 앞뜰에 눈덮힌 것처럼 핀 설중매가 더없이 아름답도다.

東	閣	雪	中	梅
동녘 동	누각 각	눈 설	가운데 중	매화 매

世界名言

♣ 조상 가운데서 노예가 아니었던 자도 없었고, 노예의 조상 가운데서 왕이 아니었던 자도 없었다.
-H. 켈러- 「자서전」

NEW WORK BOOK

重要結構

讀書爲貴人

독서위귀인: 글을 열심히 배우고 익히면 위대한 사람이 될 것이나,

讀	書	爲	貴	人
읽을 독	글 서	될 위	귀할 귀	사람 인

不學作農夫

불학작농부: 배우지 않으면 세상에 쓸모없는 사람이 되는구나.

不	學	作	農	夫
아니 불	배울 학	지을 작	농사 농	사내 부

世界名言

♣ 우리들은 친구 없이는 살 수 있지만, 이웃 없이는 살아갈 수 없다.
-T. 풀러-

NEW WORK BOOK

重要結構

惜花愁夜雨

석화수야우 : 꽃을 아끼는 마음에 어젯밤 내린 비로 근심하고,

惜	花	愁	夜	雨
애석 석	꽃 화	근심 수	밤 야	비 우

病酒怨春鶯

병주원춘앵 : 봄꾀꼬리마저 원망스러워 술병에 걸렸구나.

病	酒	怨	春	鶯
병들 병	술 주	원망 원	봄 춘	꾀꼬리앵

惜 花 愁 夜 雨 病 酒 怨 春 鶯

世界名言

♣ 우리를 자랑스럽게 하고 고상하게 하는 것은 덕행이지 가문이 아니다.
-보우먼트-

NEW WORK BOOK

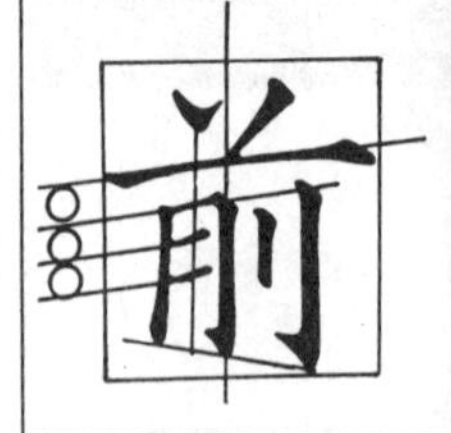

重要結構

五夜燈前晝

오야등전주 : 깊은 밤이라도 등잔불 앞에서는 낮과 같고,

五	夜	燈	前	晝
다섯 오	밤 야	등잔 등	앞 전	낮 주

六月亭下秋

유월정하추 : 유월의 여름이지만 정자 아래 있으니 가을같이 시원도다.

六	月	亭	下	秋
여섯 륙	달 월	정자 정	아래 하	가을 추

世界名言

♣ 네 자식들이 해 주길 바라는 것과 똑같이 네 부모에게 행동하라.
-소크라테스-

NEW WORK BOOK

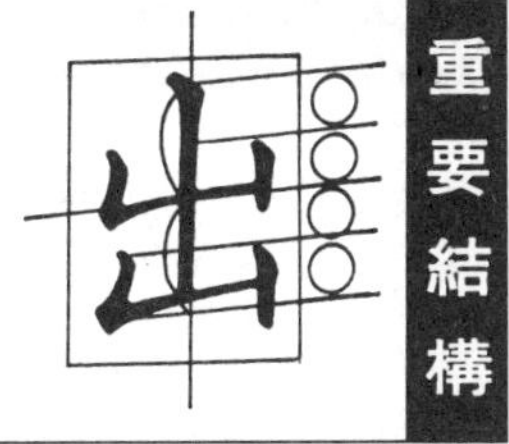

鳧耕蒼海去

부경창해거 : 물오리가 밭을 갈 듯한 몸짓으로 푸른 바다를 헤쳐 나가고,

鳧	耕	蒼	海	去
오리 부	갈 경	푸를 창	바다 해	갈 거

鷺割青山來

노할청산래 : 백로가 날아오는 모습은 청산을 베어 굿는 듯하도다.

鷺	割	青	山	來
백로 로	벨 할	푸를 청	뫼 산	올 래

世界名言

♣ 비록 몸은 노예일망정, 정신만은 자유니라.
-소포클레스-
「단편」

NEW WORK BOOK

重要結構

怒虎誠難犯

노호성난범: 성난 호랑이도 조심스럽게 대하면 결코 해를 범하지 아니하고,

怒	虎	誠	難	犯
성낼 노	호랑이 호	정성 성	어려울 난	범할 범

飢狗走隣家

기구주인가: 개 일지라도 굶주리게 하면 자기집을 외면하고 이웃집으로 달려 가느니라.

飢	狗	走	隣	家
주릴 기	개 구	달릴 주	이웃 린	집 가

世界名言

♣ 어떤 경우에 자유라고 불리어지는 것이, 다른 경우에는 방종이라고 불리어진다.
-퀸틸리아누스-

NEW WORK BOOK

重要結構

栗黃鼯來拾

율황오래습: 밤이 익을 때 즈음이면 박쥐들이 와서 따먹고,

栗	黃	鼯	來	拾
밤 률	누를 황	박쥐 오	올 래	주울 습
栗	黃	鼯	來	拾
栗	黃	鼯	來	拾

柿紅兒上摘

시홍아상적: 감이 빨갛게 익으면 아이들이 와서 따먹는구나.

柿	紅	兒	上	摘
홍시 시	붉을 홍	아이 아	위 상	딸 적
柿	紅	兒	上	摘
柿	紅	兒	上	摘

世界名言

♣ 자유도, 생활도, 이를 싸워서 얻으려는 자는, 날로 새롭게 싸워서 얻어야 한다.
-괴에테-「파우스트」

NEW WORK BOOK

重要結構

日暮蒼山遠

일모창산원 : 날이 저무니 푸른 산조차 멀리 보이고,

日	暮	蒼	山	遠
날 일	저물 모	푸를 창	뫼 산	멀 원
日	暮	蒼	山	遠
日	暮	蒼	山	遠

天寒白屋貧

천한백옥빈 : 날씨가 쌀쌀한 기운으로 감도니 마을의 집들도 쓸쓸하게 보이는구나.

天	寒	白	屋	貧
하늘 천	찰 한	흰 백	집 옥	가난할 빈
天	寒	白	屋	貧
天	寒	白	屋	貧

世界名言

♣ 모든 인간이 평등한 한 곳이 있다. 죽을 때이다. 그때, 그들은 0(Zero)이다.

-W.섬너- 「회화」

NEW WORK BOOK

重要結構

雨脚尺天地

우각척천지: 비가 내리는 것은 하늘과 땅을 자로 재려는 것 같고,

雨	脚	尺	天	地
비 우	다리 각	자 척	하늘 천	땅 지

雷聲叱江山

뇌성질강산: 우뢰소리는 강산을 호령하는 것 같도다.

雷	聲	叱	江	山
번개 뢰	소리 성	꾸짖을 질	강 강	뫼 산

世界名言

♣ 평등이 자유의 법칙이란 잘못이다. 자연은 무엇 하나 평등한 것을 창조한 적이 없다.
-보브나르그-

NEW WORK BOOK

重要結構

山雨夜鳴竹

산우야명죽: 산 중에 밤비는 대나무가 우는 것 같고,

山	雨	夜	鳴	竹
뫼 산	비 우	밤 야	울 명	대 죽

草蟲秋入床

초충추입상: 가을이 오면 풀벌레들은 마루 밑으로 모이는구나.

草	蟲	秋	入	床
풀 초	벌레 충	가을 추	들 입	평상 상

世界名言

♣「나」없이 「남」없고, 「남」없이 「나」없음은 「전체」없이 「개체」없고, 「개체」없이 「전체」없음과 같다.
-安培能成-

NEW WORK BOOK

重要結構

歲去人頭白

세거인두백: 세월이 가면 사람이 늙어 그 머리가 희어지고,

歲	去	人	頭	白
해 세	갈 거	사람 인	머리 두	흰 백

秋來樹葉黃

추래수엽황: 가을이 오면 나뭇잎들은 매말라 누렇게 변색되도다.

秋	來	樹	葉	黃
가을 추	올 래	나무 수	잎 엽	누를 황

世界名言

♣ 자기의 정의는 남의 불의요, 자기의 미는 남의 추요, 자기의 슬기는 남의 어리석음이다.
-에머슨-「수필집」

NEW WORK BOOK

重要結構

洞深花意懶

동심화의나: 깊은 골짜기에 피는 꽃은 계절을 잘 모르는 듯하고,

洞	深	花	意	懶
골 동	깊을 심	꽃 화	뜻 의	게으를 나

山疊水聲幽

산첩수성유: 첩첩산 중에 물소리는 잔잔하고 고요하게만 들리도다.

山	疊	水	聲	幽
뫼 산	거듭 첩	물 수	소리 성	그윽할 유

世界名言

♣ 친구란 무엇인가? 두 사람의 신체에 사는 하나의 영혼이다.
-아리스토텔레스-

NEW WORK BOOK

重要結構

群星陣碧天

군성진벽천: 수 많은 별들은 무리져 푸른 하늘에 마치 진을 친 것 같고,

群	星	陣	碧	天
무리 군	별 성	진칠 진	푸를 벽	하늘 천
群	星	陣	碧	天

落葉戰秋山

낙엽전추산: 나뭇잎 떨어지니 가을산에 병사들이 전쟁하는 것 같구나.

落	葉	戰	秋	山
떨어질 락	잎 엽	싸울 전	가을 추	뫼 산
落	葉	戰	秋	山

世界名言

♣ 위기 존망에 다다라서, 너를 못 본 체하는 친구를 믿지 말라.
-이솝-「우화」

NEW WORK BOOK

重要結構

靜裡乾坤大

정리건곤대 : 고요할 때는 하늘과 땅 사이인 거대한 우주 속에 있는 것 같고,

靜	裡	乾	坤	大
고요할 정	속 리	하늘 건	땅 곤	큰 대

閑中日月長

한중일월장 : 너무나 한가하면 세월이 무척 지루한 것 같도다.

閑	中	日	月	長
한가할 한	가운데 중	날 일	달 월	길 장

世界名言

♣ 가장 강한 우정은 서로 닮은 데서 태어나고, 가장 격렬한 사랑은 배신에서 생긴다.
-쿠랑쥬 부인-

NEW WORK BOOK

重要結構

白酒紅人面

백주홍인면: 술 빛깔은 희지만 마신 사람의 얼굴을 빨개지게 하고,

白	酒	紅	人	面
흰 백	술 주	붉을 홍	사람 인	얼굴 면

黃金黑吏心

황금흑리심: 황금 뇌물은 아전 관리의 마음을 검게 만들기 쉽도다.

黃	金	黑	吏	心
누를 황	쇠 금	검을 흑	아전 리	마음 심

世界名言

♣ 우정은 순간이 피게하는 꽃이며, 시간이 맺어주는 열매이다.
-코체뷔-

NEW WORK BOOK

重要結構

男奴負薪去

남노부신거: 사내 하인이 나무를 해서 등에 지고 돌아오고,

男	奴	負	薪	去
남자 남	남자종 노	질 부	나무 신	갈 거

女婢汲水來

여비급수래: 하녀는 물을 길은 물동이를 이고 돌아 오는도다.

女	婢	汲	水	來
계집 녀	여자종 비	물길을 급	물 수	올 래

世界名言

♣ 사람들에게 정신적 원조를 베푸는 인간이야말로, 인류 최대의 은인이다.

-비베카난다-

NEW WORK BOOK

重要結構

家貧思賢妻

가빈사현처: 집이 가난할수록 어진 아내를 더욱 더 지극히 생각하고,

家	貧	思	賢	妻
집 가	가난할 빈	생각 사	어질 현	아내 처

國亂思良相

국란사양상: 나라가 어지러울수록 어질고 양심있는 재상을 더욱 더 생각하도다.

國	亂	思	良	相
나라 국	어지러울 란	생각 사	어질 량	재상 상

世界名言

♣ 사랑이란 무엇인가? 두 마음이 한 몸이 된 것. 우정이란? 두 몸이 한 마음이 된 것.

-J. 루-

NEW WORK BOOK

重要結構

碧海黃龍宅

벽해황룡택: 푸른 바다는 황룡의 집이 되고,

碧	海	黃	龍	宅
푸를 벽	바다 해	누를 황	용 룡	집 택

青松白鶴樓

청송백학루: 푸른 소나무는 백학이 집으로 삼는도다.

青	松	白	鶴	樓
푸를 청	소나무송	흰 백	학 학	집 루

世界名言

♣ 우리는 즐겨 타인이 완전하기를 바라지만, 자기의 결점을 고치는 데는 인색하다.
-캠피스-「예수의 모방」

NEW WORK BOOK

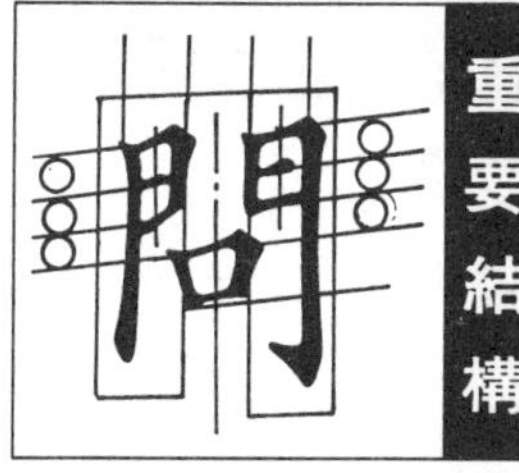

露凝千片玉

노응천편옥: 이슬이 맺히니 무한히 많은 구슬 모양같고,

露	凝	千	片	玉
이슬 로	엉길 응	일천 천	조각 편	구슬 옥

菊散一叢金

국산일총금: 국화가 허드러지게 만개하니 황금이 모여서 쌓인 것 같구나.

菊	散	一	叢	金
국화 국	흩어질 산	한 일	모을 총	쇠 금

世界名言

♣ 모든 사람은 달과 같아서, 누구에게도 결코 보여주지 않는 어두운 일면을 가지고 있다.
-마아크 트웨인-

NEW WORK BOOK

水去不復回

수거불부회 : 물은 한번 흘러가면 다시 되돌아 오지 않고,

水	去	不	復	回
물 수	갈 거	아니 불	다시 부	돌아올 회

言出難更收

언출난갱수 : 말은 한번 내뱉으면 다시 거둘 수 없도다.

言	出	難	更	收
말씀 언	날 출	어려울 난	다시 갱	거둘 수

世界名言

♣ 결점 중에서 가장 큰 결점은, 그것을 하나도 깨닫지 못하는 것이다.
-카알라일-

NEW WORK BOOK

重要結構

脫冠翁頭白

탈관옹두백 : 노인이 머리에 쓴 관을 벗으니 어느새 백발이 되어 있고,

脫	冠	翁	頭	白
벗을 탈	모자 관	늙을 옹	머리 두	흰 백

開襟女乳圓

개금여유원 : 소녀가 입은 옷깃을 여니 유방이 둥글고 탐스럽구나.

開	襟	女	乳	圓
열 개	옷섶 금	계집 녀	젖 유	둥글 원

世界名言

♣ 장점과 훌륭한 예의범절은 어디서나 번영할 것이다.
-체스터피일드-
「서간집」

NEW WORK BOOK

重要結構

月爲無柄扇

월위무병선: 반달을 보니 마치 자루 없는 부채같고,

月	爲	無	柄	扇
달 월	할 위	없을 무	자루 병	부채 선

星作絶纓珠

성작절영주: 하늘의 별은 마치 끈이 떨어져 흩어진 진주구슬 같구나.

星	作	絶	纓	珠
별 성	지을 작	끊을 절	갓끈 영	구슬 주

世界名言

♣ 여자의 미덕에는 매우 친절하고, 여자의 결점에는 슬쩍 눈을 감아라.
-M. 프라이어-
「영국제 자물쇠」

NEW WORK BOOK

馬行駒隨後

마행구수후: 말이 앞장서가니 망아지가 그 뒤를 따라가고,

馬	行	駒	隨	後
말 마	다닐 행	망아지 구	따를 수	뒤 후

牛耕犢臥原

우경독와원: 어미소가 밭을 갈고 있으니 송아지는 들판에 누워 있도다.

牛	耕	犢	臥	原
소 우	밭갈 경	송아지 독	눕 와	언덕 원

世界名言

♣ 제 허물이 많은 자가 남의 흉을 보는 데는 앞장선다.

-몰리에에르-

NEW WORK BOOK

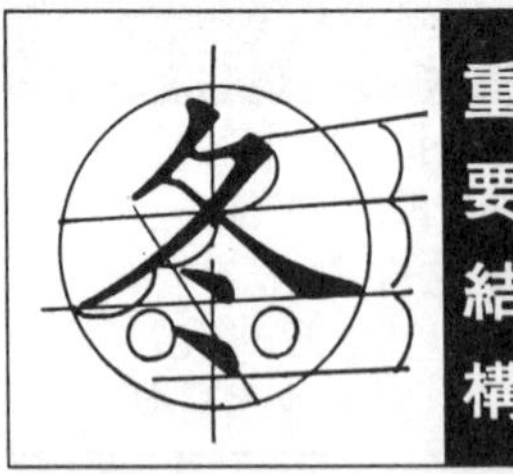

重要結構

月作雲間鏡

월작운간경: 달이 뜨니 구름사이에 걸려 있는 거울처럼 보이고,

月	作	雲	間	鏡
달 월	지을 작	구름 운	사이 간	거울 경
月	作	雲	間	鏡
月	作	雲	間	鏡

風爲竹裡琴

풍위죽리금: 바람이 부니 대나무 사이에서 마치 거문고 소리가 나는 것 같구나.

風	爲	竹	裡	琴
바람 풍	될 위	대 죽	속 리	거문고금
風	爲	竹	裡	琴
風	爲	竹	裡	琴

世界名言

♣ 나는 존재한다. 그것은 나의 권리이다.
-사르트르-
「구토」

NEW WORK BOOK

重要結構

綠水鷗前鏡

녹수구전경: 푸르고 맑은 물은 갈매기를 비추는 거울같고,

綠	水	鷗	前	鏡
푸를 록	물 수	갈매기 구	앞 전	거울 경
綠	水	鷗	前	鏡

青松鶴後屛

청송학후병: 푸른 소나무는 학을 뒤로 한 병풍 같구나.

青	松	鶴	後	屛
푸를 청	소나무 송	학 학	뒤 후	병풍 병
青	松	鶴	後	屛

世界名言

♣ 나는 모든 권리에는 의무가, 모든 기회에는 부담이, 모든 소유에는 책임이 따른다고 믿는다.

-J.D.록펠러 2세-

NEW WORK BOOK

重要結構

花落憐不掃

화락련부소: 꽃잎이 떨어지니 너무도 가련하고 애틋하여 차마 쓸지 못하겠고,

花	落	憐	不	掃
꽃 화	떨어질락	가련할련	아니 불	쓸 소

月明愛無眠

월명애무면: 달이 휘영청 밝으니 그리운 님 생각에 좀체로 잠들 수가 없구나.

月	明	愛	無	眠
달 월	밝을 명	사랑 애	없을 무	잘 면

世界名言

♣ 취미는 모든 소질을 총계하는 중요한 특질이다. 그것은 흔히 문학적 양심이며, 지성의 극상이다.
-로오트레아몽 백작-

NEW WORK BOOK

重要結構

柳色黃金嫩

유색황금눈: 버드나무가 물들인 색은 황금같이 요염한 빛을 내고,

柳	色	黃	金	嫩
버들 류	빛 색	누를 황	쇠 금	고을 눈

梨花白雪香

이화백설향: 허드러진 배나무꽃은 흰눈과 같이 희고 향기롭도다.

梨	花	白	雪	香
배 리	꽃 화	흰 백	눈 설	향기 향

世 界 名 言

♣ 비싸게 사는 것과 멀리서 가져오는 것이 여자들에게는 진미이다.
-J. 헤이우드-

NEW WORK BOOK

重要結構

月 移 山 影 改

월이산영개: 달이 옮겨가면 산그림자가 조금씩 바뀌고,

月	移	山	影	改
달 월	옮길 이	뫼 산	그림자 영	바꿀 개

日 下 樓 痕 消

일하누흔소: 해가 지면 집그림자는 흔적이 없이 쓸어가버리고 마는구나.

日	下	樓	痕	消
해 일	아래 하	집 루	흔적 흔	쓸 소

世界名言

♣ 다른 사람은 먹기 위하여 살고, 나 자신은 살기 위하여 먹는다.
-소크라테스-

NEW WORK BOOK

重要結構

鳥飛枝二月

조비지이월: 새가 나뭇가지에 앉았다가 팔락팔락 날아가고,

鳥	飛	枝	二	月
새 조	날 비	가지 지	둘 이	달 월

風吹葉八分

풍취엽팔분: 바람이 불면 팔랑팔랑 나뭇잎이 휘날리는구나.

風	吹	葉	八	分
바람 풍	불 취	잎 엽	여덟 팔	나눌 분

世界名言

♣ 연인은 우유, 신부는 버터, 아내는 치이즈.
-뷔르네-
「단편과 경구」

NEW WORK BOOK

天長去無執

천장거무집: 하늘은 멀어가듯 드높이 길어져 잡을 수가 없고,

天	長	去	無	執
하늘 천	길 장	갈 거	없을 무	잡을 집

花老蝶不來

화로접불래: 꽃은 시들어 이제 나비조차 찾아 오질 않는구나.

花	老	蝶	不	來
꽃 화	늙을 로	나비 접	아니 불	올 래

世界名言

♣ 인류의 종족은 두 개의 다른 인종, 즉 돈을 빌어 쓰는 사람과 돈을 빌려 주는 사람으로 구성된다.
-C. 램-「엘리아수필집」

NEW WORK BOOK

重要結構

短池孤草長

단지고초장: 작은 연못에는 풀이 많이 자라 더욱 외롭게 보이고,

短	池	孤	草	長
짧을 단	못 지	외로울 고	풀 초	길 장

通市求利來

통시구리래: 큰 시장에는 장사꾼들이 이윤을 구하기 위해 많이 모여들도다.

通	市	求	利	來
통할 통	저자 시	구할 구	이로울 리	올 래

世 界 名 言

♣ 신용은 영혼의 긍정을 받아들임으로 이루어지고, 불신은 영혼의 부정을 받아들임으로 이루어진다.
-에머슨-

NEW WORK BOOK

重要結構

好博閑忘宅

호박한망택 : 도박을 좋아하면 집안 일에는 전혀 관심이 없어지고,

好	博	閑	忘	宅
좋을 호	도박 박	한가할 한	잊을 망	집 택

看章細覺情

간장세각정 : 학문을 닦으려면 작은 일에 뜻을 두지 말아야 하는도다.

看	章	細	覺	情
볼 간	글 장	가늘 세	생각할 각	뜻 정

世界名言

♣ 상호 신뢰와 상호 부조로 말미암아 위대한 행위가 이루어지고, 위대한 발견이 이루어진다.
-호메로스-「일리아드」

NEW WORK BOOK

重要結構

無水立沙鷗

무수립사구: 매마른 모래사장에 갈매기는 서 있고,

無	水	立	沙	鷗
없을 무	물 수	설 립	모래 사	갈매기 구

排草失家蟻

배초실가의: 풀이 없어지니 개미들 마저 집을 잃어버리고 마는구나

排	草	失	家	蟻
물리칠 배	풀 초	잃을 실	집 가	개미 의

世界名言
♣ 신용은 재산이다. -주우베르- 「팡세」

NEW WORK BOOK

重要結構

花作娼女態

화작창녀태: 만개한 꽃들은 아름다운 계집의 자태처럼 하느적거리고,

花	作	娼	女	態
꽃 화	지을 작	창녀 창	계집 녀	모양 태

松守丈夫心

송수장부심: 소나무는 절개를 상징하여 장부 마음을 지키도다.

松	守	丈	夫	心
소나무 송	지킬 수	장부 장	사내 부	마음 심

世界名言

♣ 부유함은 바닷물과 비슷하다. 마시면 마실수록 목이 탄다.
-쇼오펜하우에르-

NEW WORK BOOK

重要結構

月到天心處

월도천심처: 달은 하늘 중심에 이르러서는 더욱 그 빛을 밝게 하고,

月	到	天	心	處
달 월	이를 도	하늘 천	마음 심	곧 처

風來水面時

풍래수면시: 바람이 불어옴을 고요했던 수면이 먼저 아는도다.

風	來	水	面	時
바람 풍	올 래	물 수	얼굴 면	때 시

世界名言

♣ 사람은 그릇된 일을 말하지 말고, 진실한 일은 침묵하지 말라.
-키케로-

NEW WORK BOOK

重要結構

一般清意味

일반청의미 : 장부의 마음은 항상 뜻을 맑게 풍미하여야 하는데,

料得少人知

요득소인지 : 물욕에만 젖어 돈을 욕심내니 소인임을 알겠도다.

一	般	清	意	味	料	得	少	人	知
한 일	일반 반	맑을 청	뜻 의	맛 미	셀 료	얻을 득	젊을 소	사람 인	알 지
一	般	清	意	味	料	得	少	人	知
一	般	淸	意	味	料	得	少	人	知

世界名言

♣ 첫날은 손님이지만, 둘째날은 짐이고, 새째날은 해충이다.
-라블레-

NEW WORK BOOK

馬行千里路

마행천리로: 말은 천리길을 달릴 수 있는 걸음이 있고,

馬	行	千	里	路
말 마	다닐 행	일천 천	마을 리	길 로

牛耕百畝田

우경백묘전: 황소는 백묘의 밭을 갈 수 있는 힘이 있도다.

牛	耕	百	畝	田
소 우	갈 경	일백 백	밭이랑 묘	밭 전

世界名言

♣ 모든 내기를 하는 자는, 불확실한 것을 얻기 위하여 확실하다고 여기는 것에 건다.

-파스칼-

NEW WORK BOOK

重要結構

吳楚東南坼

오초동남탁: 오나라와 초나라는 동쪽과 남쪽으로 나뉘어 벌려 있고,

吳	楚	東	南	坼
오나라 오	초나라 초	동녘 동	남녘 남	벌릴 탁
吳	楚	東	南	坼

乾坤日夜浮

건곤일야부: 천지는 해와 달이 떠 낮과 밤으로 갈리도다.

乾	坤	日	夜	浮
하늘 건	땅 곤	날 일	밤 야	뜰 부
乾	坤	日	夜	浮

世 界 名 言

♣ 신과 악마가 싸우고 있다. 그리고 그 싸움터야말로 인간의 마음이다.
-도스토예프스키-
「카라마조프의 형제」

NEW WORK BOOK

月爲大將軍

월위대장군 : 어두운 밤하늘에서는 달이 마치 대장군과 같고,

月	爲	大	將	軍
달 월	될 위	큰 대	장수 장	군인 군

星作百萬師

성작백만사 : 달 주위의 수많은 별들은 백만 군사와 같구나.

星	作	百	萬	師
별 성	지을 작	일백 백	일만 만	군사 사

世界名言

♣ 사회에는 칼과 정신이라는 두 가지의 힘밖에는 없다. 결국, 항상 칼은 정신에 의하여 패배를 당하고 만다.
-나폴레옹-

NEW WORK BOOK

重要結構

青松君子節

청송군자절: 푸른 소나무는 의연한 군자의 절개를 상징하고,

青	松	君	子	節
푸를 청	소나무송	군자 군	아들 자	절개 절

綠竹烈女貞

녹죽열녀정: 푸른 대나무는 열녀의 절개를 상징하는 정절을 뜻하도다.

綠	竹	烈	女	貞
푸를 녹	대나무죽	절개 렬	계집 녀	곧을 정

世界名言

♣ 나는 생각한다. 그러므로 나는 존재한다.
-데카르트-

NEW WORK BOOK

重要結構

林風涼不絶

임풍량부절: 수풀 사이에 끊임없이 부는 바람은 서늘하고,

林	風	涼	不	絶
수풀 림	바람 풍	서늘 량	아니 불	끊을 절

山月曉仍明

산월효잉명: 산에 걸려 있는 달은 새벽에 이르러서 더 더욱 밝도다.

山	月	曉	仍	明
뫼 산	달 월	새벽 효	거듭 잉	밝을 명

世界名言

♣ 사색하는 사람으로서 행동하고, 행동하는 사람으로서 사색하지 않으면 안 된다.

-베르그송-

NEW WORK BOOK

重要結構

大旱得甘雨

대한득감우: 오랫동안 비가 오지 않다가 모처럼 단비를 만나니,

大	旱	得	甘	雨
큰 대	가물 한	얻을 득	달 감	비 우

他鄕逢故人

타향봉고인: 타향 객지에서 옛 친구를 우연히 만난것 같이 반갑도다.

他	鄕	逢	故	人
다를 타	마을 향	만날 봉	연고 고	사람 인

世界名言

♣ 이성은 신이 인간의 영혼에 점화한 빛이다.
-아리스토텔레스-
「수사학」

NEW WORK BOOK

重要結構

白日莫虛送

백일막허송: 하루하루를 뜻없이 허송세월로 보내지 말고 열심히 공부해야 하나니,

白	日	莫	虛	送
흰 백	날 일	없을 막	빌 허	보낼 송

青春不再來

청춘부재래: 젊은 시절은 두번 다시 거듭 오지 않는 것이로다.

青	春	不	再	來
푸를 청	봄 춘	아니 불	다시 재	올 래

世界名言

♣ 우리는 환상을 벗으로 삼을 수 있으나, 이성을 안내자로 삼고 따라야 한다.

-S. 존슨-

NEW WORK BOOK

重要結構

日出扶桑路

일출부상로: 해는 동쪽 전설 속의 바닷길(부상)로부터 솟아오르고,

日	出	扶	桑	路
해 일	날 출	붙잡을부	뽕나무상	길 로

暮入若木枝

모입약목지: 날이 저물 때 해가 마치 나무가지 뒤로 넘어가는 것 같구나.

暮	入	若	木	枝
저물 모	들 입	같을 약	나무 목	가지 지

世界名言

♣ 사람은 실제로, 학술에 있어서 아무 것도 알 수가 없다. 항상 실천이 필요하다.
-괴에테-「격언과 반성」

NEW WORK BOOK

重要結構

燕語雕梁晩

연어조양만 : 제비가 처마에서 우는 것은 독수리가 노리기 때문이요,

燕	語	雕	梁	晩
제비 연	말씀 어	독수리 조	들보 양	저녁 만

鶯啼綠樹深

앵제녹수심 : 꾀꼬리가 우는 것은 숲이 우거져 있기 때문이니라.

鶯	啼	綠	樹	深
꾀꼬리 앵	울 제	푸를 록	나무 수	깊을 심

世界名言

♣ 모방은 가장 순수한 아첨이다.
-콜 턴-
「라콘」

NEW WORK BOOK

重要結構

山深然後寺

산심연후사: 깊은 산속이 있음으로 그곳에 절이 있고,

山	深	然	後	寺
뫼 산	깊을 심	그대로연	뒤 후	절 사

花落以前春

화락이전춘: 꽃이 시들하여 떨어지는 시기가 아니니 아직 봄이구나.

花	落	以	前	春
꽃 화	떨어질락	써 이	앞 전	봄 춘

世界名言

♣ 명성은 얻는 것이요, 인격은 주는 것이다. 이 진리에 눈을 뜰 때 당신은 비로소 살기 시작한다.
-B. 테일러- 「즉흥시집」

NEW WORK BOOK

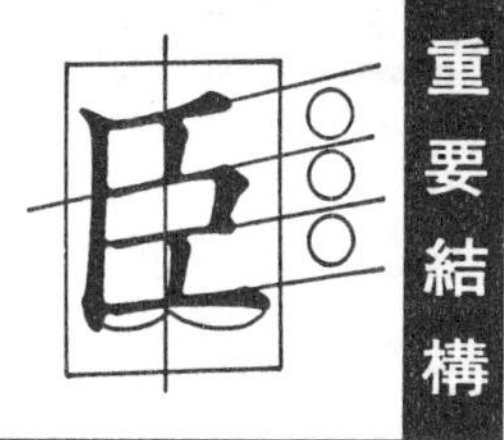

猿嘯風中斷

원소풍중단: 원숭이의 휘파람 소리가 바람소리에 끊어지고,

猿	嘯	風	中	斷
원숭이 원	휘파람 소	바람 풍	가운데 중	끊어질 단

漁歌月下聞

어가월하문: 어부들의 노래가락 소리가 달빛 아래서 들리는도다.

漁	歌	月	下	聞
고기잡을 어	노래 가	달 월	아래 하	들을 문

世 界 名 言

♣ 진리는 안개를 흩어 버리지 않고도 그것을 뚫고 반짝이는 햇불이다.
-엘베시우스-
「정신론」

NEW WORK BOOK

重要結構

山 鳥 下 廳 舍

산조하청사 : 산새가 집안 대청까지 와 내려 앉고,

山	鳥	下	廳	舍
뫼 산	새 조	아래 하	마루 청	집 사

檐 花 落 酒 中

첨화락주중 : 처마까지 늘어져 핀 아름다운 꽃은 술잔에 떨어지는구나.

檐	花	落	酒	中
처마 첨	꽃 화	떨어질락	술 주	가운데중

世界名言

♣ 사람이 진리를 깨달음은, 물에 달이 비치는 것과 같다. 달은 젖지 않고, 물은 깨어지지 않는다.
-도원-「정법안장수문기」

NEW WORK BOOK

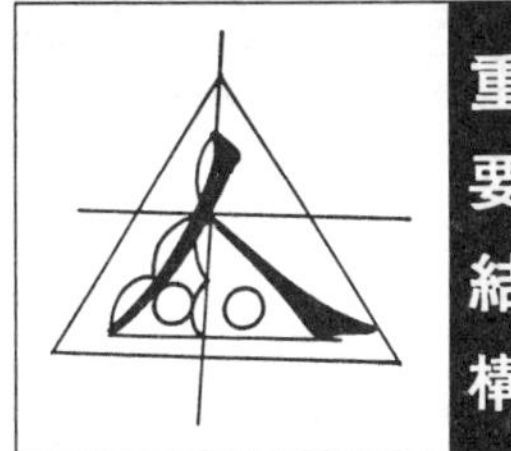

重要結構

人分千里外

인분천리외 : 친구들은 천리 밖에 먼곳에 떨어져 있고,

人	分	千	里	外
사람 인	나눌 분	일천 천	마을 리	바깥 외

興在一杯中

흥재일배중 : 오직 즐기고 노는 것은 술 한잔 속에 있구나.

興	在	一	杯	中
일어날흥	있을 재	한 일	잔 배	가운데중

世界名言

♣ 마음은 자신의 왕국이요, 의지는 자신의 법률이다.

-카우퍼-
「진리」

NEW WORK BOOK

重要結構

掬水月在手

국수월재수: 두 손에 물을 담아보니 달 또한 그 손안에 있고,

掬	水	月	在	手
움켜쥘 국	물 수	달 월	있을 재	손 수

弄花香滿衣

농화향만의: 꽃을 꺾었더니 그 향기가 옷에 가득 배어 있네.

弄	花	香	滿	衣
희롱할 롱	꽃 화	향기 향	가득할 만	옷 의

世界名言

♣ 사람이 말을 물가로 끌고 갈 수는 있지만, 마시려 하지 않는 물을 마시게 하지는 못한다.
-J. 헤이우드-「금언집」

NEW WORK BOOK

重要結構

興來無遠近

흥래무원근 : 행복이나 즐거움은 멀고 가까운 곳을 가리지 않으며 오고,

興	來	無	遠	近
일어날 흥	올 래	없을 무	멀 원	가까울 근

欲去惜芳菲

욕거석방비 : 가고자 하니 그 꽃의 향기가 애절하게 내 마음을 붙들고 있네.

欲	去	惜	芳	菲
하고자할 욕	갈 거	애석할 석	향기 방	꽃다울 비

世界名言

♣「지식인」이란 한 문제의 양면 위의 공중에 양다리를 든든히 딛고 있는 자이다.
-H. 퍼어저슨-

NEW WORK BOOK

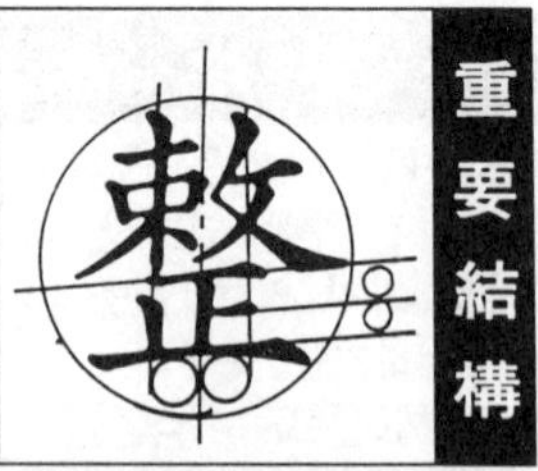

雲作千層峯

운작천층봉: 구름은 수 천가지 모양으로 층계와 봉우리를 만들고,

雲	作	千	層	峯
구름 운	지을 작	일천 천	층계 층	봉우리봉

虹爲百尺橋

홍위백척교: 무지개는 백자가 넘는 다리를 만들도다.

虹	爲	百	尺	橋
무지개홍	할 위	일백 백	자 척	다리 교

世界名言

♣ 날카로운 기지는, 날카로운 칼처럼 자기의 손가락을 베는 수가 있다.
-에로우스미드-

NEW WORK BOOK

掃地黃金出

소지황금출: 이른 아침에 마당을 비로 쓸면 황금이 나오게 되고,,

掃	地	黃	金	出
쓸 소	땅 지	누를 황	쇠 금	날 출

開門萬福來

개문만복래: 이른 새벽에 대문을 활짝 열면 만가지 복이 쏟아져 들어오게 되느니라.

開	門	萬	福	來
열 개	문 문	일만 만	복 복	올 래

世界名言

♣ 재치를 지녔다면, 즐겁게 하기 위하여 쓰고, 상처를 입히도록 쓰지 말라.
-체스터피일드-「서간집」

NEW WORK BOOK

重要結構

洗硯魚呑墨

세연어탄묵: 연못가에서 벼루를 씻으니 고기가 먹물을 삼키려들고,

洗	硯	魚	呑	墨
씻을 세	벼루 연	고기 어	삼킬 탄	먹 묵

烹茶鶴避煙

팽다학피연: 선경에 차를 다려먹으려 하니 학이 연기 피하여 날아가는 듯 하네.

烹	茶	鶴	避	煙
삶을 팽	차 다	학 학	피할 피	연기 연

世界名言

♣ 무지임을 자각하는 것은, 지식 향상의 커다란 계단이다.
-디즈레일리-
「시필」

NEW WORK BOOK

柳塘春水漫

유당춘수만: 연못가에 수양버들이 늘어져 있으니 봄물은 천천히 흐르고,

柳	塘	春	水	漫
버들 류	못 당	봄 춘	물 수	아득할 만

花塢夕陽遲

화오석양지: 산등성에 꽃이 만발하니 석양도 더디 가는구나.

花	塢	夕	陽	遲
꽃 화	산언덕 오	저녁 석	빛 양	더딜 지

世界名言

♣ 지혜로우나 정직하지 못한 사람은, 잔꾀 많은 사기꾼에 불과하다.
-B. 존슨-

NEW WORK BOOK

重要結構

白蝶紛紛雪

백접분분설: 흰나비가 분분히 날으니 마치 흰눈이 내리는 것 같고,

白	蝶	紛	紛	雪
흰 백	나비 접	어지러울 분	어지러울 분	눈 설

黃鶯片片金

황앵편편금: 누런 꾀꼬리가 날으니 여러 조각 황금이 쏟아지는 것 같네.

黃	鶯	片	片	金
누를 황	꾀꼬리 앵	조각 편	조각 편	황금 금

世界名言

♣ 무모하게 자포 자기적인 행동을 하지 않는 것이 지혜의 특징이다.
-도오로우-
「윌든 숲속의 생활」

NEW WORK BOOK

重要結構

文章李太白

문장이태백 : 세상에서 글과 시를 잘한 사람 중에서 이태백이 제일이요,

文	章	李	太	白
글월 문	글 장	성씨 이	클 태	흰 백

筆法王義之

필법왕희지 : 글자를 잘 쓰는 명필가로는 왕희지가 으뜸이로다.

筆	法	王	羲	之
붓 필	법 법	임금 왕	기운 희	갈 지

世界名言

♣ 재치는 그 속에 진실을 지녔으며, 재치있는 말을 하는 것은 말로써 하는 미용 체조이다.
-D. 파아커어-

NEW WORK BOOK

重要結構

春意無分別

춘의무분별: 봄철이 오면 사람의 마음을 가히 분별할 수가 없으니,

春	意	無	分	別
봄 춘	뜻 의	없을 무	나눌 분	다를 별
春	意	無	分	別
春	意	無	分	別

人情有淺深

인정유천심: 인간의 정이란 깊고 얕음이 분명 있음이로다.

人	情	有	淺	深
사람 인	뜻 정	있을 유	물얕을천	깊을 심
人	情	有	淺	深
人	情	有	淺	深

世界名言

♣ 말은 지식의 영역이고, 듣는 것은 슬기의 특권이다.

-J.H. 호움즈-

NEW WORK BOOK

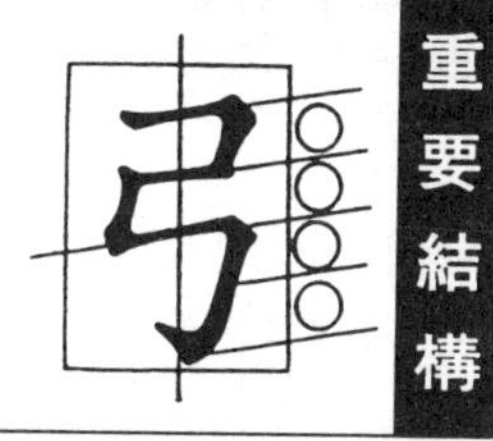

初月將軍弓

초월장군궁: 굽은 초생달은 마치 장군의 활과 같이 생겼고,

初	月	將	軍	弓
처음 초	달 월	장수 장	군사 군	활 궁

流星壯士矢

유성장사시: 유성이 하늘을 가로질러 날으니 장사가 쏘아 보낸 화살같도다.

流	星	壯	士	矢
흐를 류	별 성	장사 장	선비 사	화살 시

世界名言

♣ 오직 하나의 인간의 양심만이, 모든 난공불락의 요새보다 안전하다.
-에픽테토스-
「어록」

NEW WORK BOOK

重要結構

氷海魚初躍

빙해어초약: 봄이 와 얼음이 엷어지고 깨어지니 물고기가 먼저 뛰어 오르고,

氷	海	魚	初	躍
얼음 빙	바다 해	고기 어	처음 초	뛸 약
氷	海	魚	初	躍
氷	海	魚	初	躍

風和雁欲歸

풍화안욕귀: 봄이 와 따뜻한 바람이 부니 기러기도 북으로 바삐 날아가누나.

風	和	雁	欲	歸
바람 풍	화할 화	기러기안	욕심 욕	돌아갈귀
風	和	雁	欲	歸
風	和	雁	欲	歸

世界名言

♣ 최고의 도덕이란 타인에의 봉사·인류에의 사랑을 위하여 끊임없이 일하는 것이다.
-간디-「논리적 종교」

NEW WORK BOOK

高山白雪起

고산백설기: 높은 산봉우리에서는 흰구름이 하늘을 향해 피어오르고,

高	山	白	雪	起
높을 고	뫼 산	흰 백	구름 운	일어날 기

南原芳草綠

남원방초록: 남쪽 들녘에서는 향기로운 풀들이 그 푸르름을 더하는도다.

南	原	芳	草	綠
남녘 남	벌판 원	향기 방	풀 초	푸를 록

世界名言

♣ 모욕은 분노보다, 연민은 모욕보다, 관용은 연민보다, 선의는 관용보다 우월하다.
-아미엘-

NEW WORK BOOK

重要結構

父母千年壽

부모천년수: 부모님께서 오래오래 살아계시기를 기원하고,

父	母	千	年	壽
아버지부	어머니모	일천 천	해 년	목숨 수

子孫萬世榮

자손만세영: 자손들은 만세만대를 영화롭게 번영하기를 기원하네.

子	孫	萬	世	榮
아들 자	손자 손	일만 만	세상 세	영화 영

世界名言

♣ 인도주의는 인간을 하나의 목적을 위하여 결코 희생하지 않는데서 성립한다.

-쉬바이쳐-

NEW WORK BOOK

重要結構

竹筍尖如筆

죽순첨여필 : 대나무의 죽순은 마치 붓을 세운것 같고,

竹	筍	尖	如	筆
대 죽	죽순 순	뾰죽할 첨	같을 여	붓 필

松葉細似針

송엽세사침 : 소나무의 잎은 저마다 가는 침과 같도다.

松	葉	細	似	針
소나무 송	잎 엽	가늘 세	같을 사	바늘 침

世界名言

♣ 양심은 개인이 자기 보존을 위해 계발한 사회의 질서를 지키는 수호신이다.

-모 옴-

NEW WORK BOOK

重要結構

水連天共碧

수련천공벽: 수평선으로 이어닿은 하늘은 그 바다와 똑같이 푸르고,

水	連	天	共	碧
물 수	연할 련	하늘 천	한가지 공	맑을 청

風與月雙清

풍여월쌍청: 바람과 더불어 달빛은 서로 한 쌍처럼 어울려 맑고 맑구나.

風	與	月	雙	清
바람 풍	더불 여	달 월	두 쌍	맑을 청

世界名言

♣ 거짓말은 그 자체로서 죄악일 뿐만 아니라, 영혼을 죄악으로 더럽힌다.
-플라톤-

NEW WORK BOOK

重要結構

曳杖石鷄鷄

예장석계계 : 돌이 깔려 있는 길을 지팡이를 끌고 가니 계계하는 소리가 나고,

曳	杖	石	鷄	鷄
끌 예	지팡이 장	돌 석	닭 계	닭 계

伐木山雉雉

벌목산치치 : 산속에서 벌목을 하니 나무 쓰러지는 소리가 치치하고 들리네.

伐	木	山	雉	雉
칠 벌	나무 목	뫼 산	꿩 치	꿩 치

世界名言

♣ 인류의 사이에 질서가 지배하고 있다는 것은, 이성과 덕이 가장 강하다는 증거이다.
-보브나르그-

NEW WORK BOOK

重要結構

蝶翅輕飜粉

접시경번분: 나비가 날면 하얀 가루가 가볍게 흩날리는 것 같고,

蝶	翅	輕	飜	粉
나비 접	날개 시	가벼울 경	날 번	가루 분
蝶	翅	輕	飜	粉

鶯聲巧囀簧

앵성교전황: 꾀꼬리가 생황처럼 교묘하게 지저귀는 소리가 아름답게 들리네.

鶯	聲	巧	囀	簧
꾀꼬리 앵	소리 성	교묘할 교	지저귈 전	생황 황
鶯	聲	巧	囀	簧

世界名言

♣ 미덕은 악덕을 삼가는 데서 비롯되는 것이 아니라, 악덕을 바라지 않는 데서 이루어진다.
-G.B. 쇼오

NEW WORK BOOK

重要結構

五老峯爲筆

오로봉위필 : 천하에 이름 높은 다섯 산 봉우리를 붓으로 삼고,

五	老	峯	爲	筆
다섯 오	늙을 로	봉우리봉	할 위	붓 필

三湘作硯池

삼상작연지 : 천하에 으뜸가는 세 강을 먹물로 삼아 시를 짓고 싶구나.

三	湘	作	硯	池
석 삼	물이름상	지을 작	벼루 연	못 지

世 界 名 言

♣ 정직은 선행은 아니지만, 죄악이 결여되고 있다는 증거이다.

-톨스토이-

NEW WORK BOOK

青天一張紙

청천일장지 : 푸른 하늘과 같이 넓은 종이를 만들어,

青	天	一	張	紙
푸를 청	하늘 천	한 일	베풀 장	종이 지
青	天	一	張	紙
青	天	一	張	紙

寫我腹中詩

사아복중시 : 내 심중에 있는 많은 아름다운 시들을 베끼고 싶네.

寫	我	腹	中	詩
베낄 사	나 아	배 복	가운데 중	글 시
寫	我	腹	中	詩
寫	我	腹	中	詩

世 界 名 言

♣ 사실을 말해도 남이 믿어 주지 않는다는 것이, 거짓말장이가 받는 벌이다.
「바빌로니아 율법서」

NEW WORK BOOK

重要結構

林亭秋已晩

임정추이만: 숲속의 정자에는 가을이 이미 무르익고,

林	亭	秋	已	晩
수풀 림	정자 정	가을 추	이미 이	늦을 만

騷客意無窮

소객의무궁: 소란스럽던 손님들의 뜻을 다 헤아릴 수가 없구나.

騷	客	意	無	窮
소란할 소	손 객	뜻 의	없을 무	다할 궁

世界名言

♣ 과실을 솔직하게 고백하는 것은, 그것이 무죄가 되는 하나의 단계이다.

-시루스- 「잠언」

NEW WORK BOOK

重要結構

遠水連天碧

원수련천벽: 멀리 수평선은 하늘을 끝닿은 것 같이 파랗고,

遠	水	連	天	碧
멀 원	물 수	연할 련	하늘 천	푸를 벽

霜楓向日紅

상풍향일홍: 단풍에 서리가 내리니 태양과 같이 붉어져 가는도다.

霜	楓	向	日	紅
서리 상	단풍나무 풍	향할 향	해 일	붉을 홍

世界名言

♣ 인간은 누구에게나 과실이 있는 것이지만, 범죄에 대하여 느끼는 회한은, 악에서 덕을 구별한다.
-알피에리-

NEW WORK BOOK

重要結構

山吐孤輪月

산토고륜월 : 산등성에 달이 뜨니 산이 수레바퀴처럼 둥근 달을 토해내는 것 같고,

山	吐	孤	輪	月
뫼 산	토할 토	외로울 고	수레바퀴 륜	달 월

江含萬里風

강함만리풍 : 강은 만리의 바람을 모두 머금어 부는 것 같구나.

江	含	萬	里	風
강 강	머금을 함	일만 만	리수 리	바람 풍

世界名言

♣ 세상에는 악을 위해서 악을 저지르는 사람이 없다. 모두 악에 의하여 이익·쾌락·명예를 얻고자 해서 악을 저지른다. -F. 베이컨-

NEW WORK BOOK

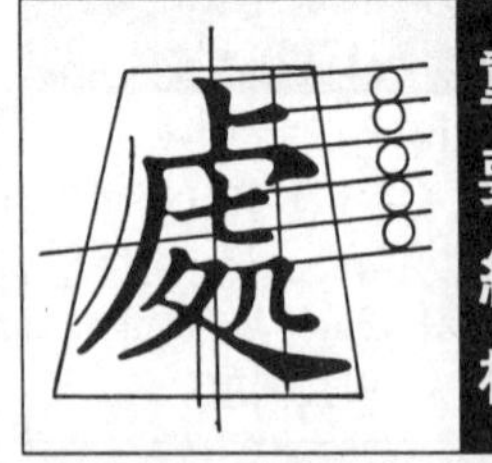

重要結構

塞鴻何處去

새홍하처거 : 하늘가를 나르는 저 기러기는 그 가는 곳을 모르겠고,

塞	鴻	何	處	去
변방 새	기러기홍	어찌 하	곳 처	갈 거

聲斷暮雲中

성단모운중 : 다만 울음소리만 저물녘 석양 구름속에 이어졌다 끊어졌다 하네.

聲	斷	暮	雲	中
소리 성	끊을 단	저녁 모	구름 운	가운데중

世界名言

♣ 선에는 항상 악이 섞여 있다. 극단적인 선은 악도 된다. 그러나 극단적인 악은 어떠한 선도 되지 않는다.
-비니- 「시인의 일기」

NEW WORK BOOK

重要結構

君在臣先死

군재신선사: 임금이 아직 생존해 있는데 신하가 먼저 죽고,

君	在	臣	先	死
임금 군	있을 재	신하 신	먼저 선	죽을 사

母在子先死

모재자선사: 그 부모가 살아계신데 자식이 먼저 세상을 떠났네.

母	在	子	先	死
어머니모	있을 재	아들 자	먼저 선	죽을 사

世界名言

♣ 사람은 모두가 평등하게 태어나, 오직 덕망에 의하여 차별이 있게 된다.

「라틴 격언」

NEW WORK BOOK

重要結構

皆非臣子義

개비신자의: 그 누구도 신하와 자식의 도리를 다하지 않으면 안되는 것을 알지만,

皆	非	臣	子	義
다 개	아니 비	신하 신	아들 자	옳을 의

無奈死於死

무내사어사: 인간이 어찌 죽음에서 벗어날 수 있으랴.

無	奈	死	於	死
없을 무	어찌 내	죽을 사	어조사 어	죽을 사

世界名言

♣ 영광의 소리는 무덤의 고요를 꿰뚫지 못하지만, 덕성은 생명의 폐허에서도 꽃을 피우며, 하늘에 오른다.
-H.K. 화이트-

NEW WORK BOOK

重要結構

擊鼓催人命

격고최인명 : 처형장에서 죄인의 생명을 북소리는 재촉하고,

擊	鼓	催	人	命
칠 격	북 고	재촉할 최	사람 인	목숨 명

西風日欲斜

서풍일욕사 : 서풍이 부니 해는 서산으로 넘어가려고 하는구나.

西	風	日	欲	斜
서녘 서	바람 풍	해 일	하고자할 욕	빗길 사

世界名言

♣ 하루라도 착한 것을 생각지 않으면 모든 악한 것이 다 저절로 일어나는 법이다.
-장자-「명심보감 계선편」

NEW WORK BOOK

重要結構

黃泉無客店

황천무객점: 황천으로 가는 길에는 손을 맞이하는 주막이 없으니,

黃	泉	無	客	店
누를 황	샘 천	없을 무	손 객	상점 점

今夜宿誰家

금야숙수가: 오늘이 밤에는 어느 곳에서 자고 갈거나.

今	夜	宿	誰	家
이제 금	밤 야	잘 숙	누구 수	집 가

世界名言

♣ 자유·평등은 나쁜 원리이다. 참된 인간적 원리는 정의이다. 약자에 대한 정의는 보호 또는 선의이다.
-아미엘-「일기 1864」

NEW WORK BOOK

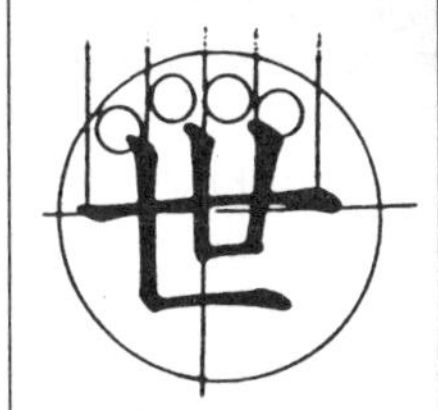

重要結構

秋風唯苦吟

추풍유고음: 가을 바람은 오직 쓸쓸하게 들리어 심정마저 울적한데,

秋	風	唯	苦	吟
가을 추	바람 풍	오직 유	쓸 고	읊을 음

世路少知音

세로소지음: 덧없는 인생의 흐름을 젊은 날 어찌 알 수 있으랴.

世	路	少	知	音
세상 세	길 로	젊을 소	알 지	소리 음

世界名言

♣ 정의가 없는 곳에 자유는 없다. 자유가 없는 곳에 정의는 없다.
-조이메-

NEW WORK BOOK

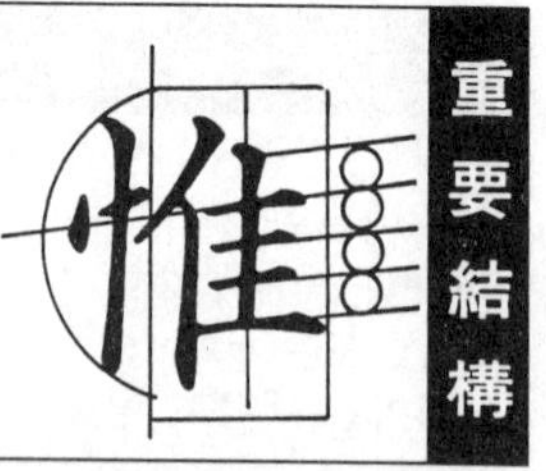

窓外三更雨

창외삼경우: 삼경 한 밤중 창밖에는 비가 내리고,

窓	外	三	更	雨
창문 창	바깥 외	석 삼	지날 경	비 우
窓	外	三	更	雨

燈前萬里心

등전만리심: 등잔불을 보니 만리나 떨어진 고향생각이 절로 나네.

燈	前	萬	里	心
등잔 등	앞 전	일만 만	리수 리	마음 심
燈	前	萬	里	心

世界名言

♣ 자기를 순백으로 지키는 것은 하나의 미덕, 모든 정의의 유일한 보루이다.

-바이런-

NEW WORK BOOK

重要結構

十五越溪女

십오월계녀: 십오세의 아릿다운 처녀가 시내를 건너가니,

十	五	越	溪	女
열 십	다섯 오	넘을 월	시내 계	계집 녀

羞人無語別

수인무어별: 보는 사람들마다 말을 잃고 넋이 빠져 있네.

羞	人	無	語	別
부끄러울수	사람 인	없을 무	말할 어	다를 별

世界名言

♣ 정의는 영원한 태양이다. 세계는 그 해돋이를 늦출 수 없다.
-W. 필립스-

NEW WORK BOOK

歸來掩重門

귀래엄중문: 돌아오는 길에 자기 집의 문부터 엄중히 단속하리라 생각하고,

歸	來	掩	重	門
돌아갈 귀	올 래	가둘 엄	거듭 중	문 문
歸	來	掩	重	門
归	来	掩	重	门

泣向梨花月

읍향이화월: 달빛 아래 배나무 꽃을 향하여 읊조리네.

泣	向	梨	花	月
울 읍	향할 향	배나무 이	꽃 화	달 월
泣	向	梨	花	月
泣	向	梨	花	月

世界名言

♣ 모든 무뢰한은 도둑은 아닐지라도, 모든 도둑은 무뢰한이다.

-아리스토텔레스-

NEW WORK BOOK

重要結構

昨過永明寺

작과영명사: 어제는 천하에 유명한 영명사를 지나오는 길에,

昨	過	永	明	寺
어제 작	지날 과	길 영	밝을 명	절 사

暫登浮碧樓

잠등부벽루: 잠시 부벽루 정자에 올라 경치를 구경하였네.

暫	登	浮	碧	樓
잠시 잠	오를 등	뜰 부	푸를 벽	누각 루

世 界 名 言

♣ 우리들의 인류에 대한 최대의 죄는, 그들을 미워하는 것이 아니라, 무관심일 때이다.

-G.B. 쇼오-

NEW WORK BOOK

重要結構

城空月一片

성공월일편: 옛 성은 쓸쓸하게 비어 있고 한줄기 달빛만 휘황한데,

城	空	月	一	片
성곽 성	빌 공	달 월	한 일	조각 편
城	空	月	一	片
城	空	月	一	片

石老雲千秋

석로운천추: 이끼낀 돌만이 천년의 세월을 알리는구나.

石	老	雲	千	秋
돌 석	늙을 로	구름 운	일천 천	가을 추
石	老	雲	千	秋
石	老	雲	千	秋

世界名言

♣ 빈곤이 범죄를 낳는 어머니라면, 지성의 결핍은 그의 아버지이다.
-라브뤼예르-
「사람님네들-인간에 관하여」

NEW WORK BOOK

麟馬去不返

인마거불반: 기린과 말은 달려가면 다시 돌아오지 않고,

麟	馬	去	不	返
기린 린	말 마	갈 거	아니 불	돌아올반

天孫何處遊

천손하처유: 젊은이들은 어느 곳이나 다니면서 놀고 있구나.

天	孫	何	處	遊
하늘 천	손자 손	어찌 하	곳 처	놀 유

世界名言

♣ 여자는 남의 비행을 용서하지만, 모욕은 결코 잊지 않는다.
-헬리버어턴-

NEW WORK BOOK

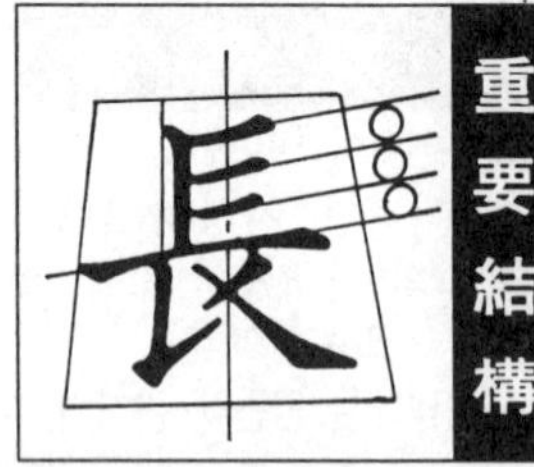

長嘯倚風磴

장소의풍등: 휘파람 소리는 바람과함께 돌담을 넘어 멀리 퍼지고,

長	嘯	倚	風	磴
길 장	휘파람소	의지할의	바람 풍	돌다리등

山淸江自流

산청강자류: 푸른 산을 옆에 끼고 강물은 유유히 흘러가네.

山	淸	江	自	流
뫼 산	푸를 청	강 강	스스로자	흐를 류

世界名言

♣ 꾸지람을 들었을 때에 겸손을 잃지 않는 사람이 있다면, 그 사람은 참으로 겸손한 사람이다.

-J. 파울-

NEW WORK BOOK

重要結構

水國秋光暮

수국추광모: 바닷가의 가을 하늘은 점점 어두워지고,

水	國	秋	光	暮
물 수	나라 국	가을 추	빛 광	저녁 모

驚寒雁陣高

경한안진고: 날씨가 차가와지니 기러기 떼가 높이 날으는구나.

驚	寒	雁	陣	高
놀랠 경	찰 한	기러기 안	진칠 진	높을 고

世界名言

♣ 거만은 인간이 자기를 다른 사람들보다도 뛰어났다고 생각하는 잘못된 생각에서 생기는 기쁨이다.
-스피노자- 「논리학」

NEW WORK BOOK

重要結構

憂心輾轉夜

우심전전야: 길떠난 나그네 울적한 마음으로 온밤 뒤척이며 꼬박 세우니,

憂	心	輾	轉	夜
근심할 우	마음 심	돌아누울 전	굴릴 전	밤 야

殘月照弓刀

잔월조궁도: 서편으로 지는 달모양이 마치 궁도같구나.

殘	月	照	弓	刀
쇠잔할 잔	달 월	비출 조	활 궁	칼 도

世界名言

♣ 위선이란, 부덕이 덕에 대하여 조금만 흉을 낸 경의이다.
-라로시푸코-

NEW WORK BOOK

春雨細不滴

춘우세부적: 봄철의 이슬비는 옷깃을 적시지 못할 정도로 가늘게 날리고,

春	雨	細	不	滴
봄 춘	비 우	가늘 세	아니 불	적실 적

夜中微有聲

야중미유성: 깊은 밤에 작은 소리들만 가늘게 들리는구나.

夜	中	微	有	聲
밤 야	가운데 중	가늘 미	있을 유	소리 성

世界名言

♣ 박애를 실천하려면 보다 더 한층 커다란 용기가 필요하다.

-간 디-

NEW WORK BOOK

重要結構

雪盡南溪漲

설진남계창 : 봄철에 눈이 녹으니 남쪽 시냇물은 넘칠듯이 흐르고,

雪	盡	南	溪	漲
눈 설	다할 진	남녘 남	시내 계	넘칠 창
雪	盡	南	溪	漲
雪	盡	南	溪	漲

草芽多少生

초아다소생 : 풀잎의 작은 새싹들이 다투어 자라나는구나.

草	芽	多	少	生
풀 초	씨앗 아	많을 다	젊을 소	날 생
草	芽	多	少	生
草	芽	多	少	生

世界名言

♣ 부절제는 쾌락에 독이 된다. 절제는 쾌락에 화가 아니라 약이 된다.
-몽테에뉴-「수상록」

NEW WORK BOOK

重要結構

獨坐無來客

독좌무래객 : 아무도 찾아오는 이 없이 홀로 앉아 있으니,

獨	坐	無	來	客
홀로 독	앉을 좌	없을 무	올 래	손 객

空庭雨氣昏

공정우기혼 : 정원은 텅 비어 있고 석양에 부슬비만 오도다.

空	庭	雨	氣	昏
빌 공	뜰 정	비 우	기운 기	날저물혼

独 坐 無 来 客 空 庭 雨 氣 昏

世界名言

♣ 방탕이란 무엇인가? 육욕적 쾌락의 이기적인 추구이다. 따라서 그것을 구성하는 것은 이기주의이다.
-아미엘- 「일기」

NEW WORK BOOK

重要結構

魚搖荷葉動

어요하엽동: 고기가 뛰어놀면 연꽃잎도 따라서 움직이고,

魚	搖	荷	葉	動
고기 어	움직일요	연꽃 하	잎 엽	움직일동

鵲踏樹梢飜

작답수초번: 까치가 나무가지 끝을 걸어 다니니 나뭇잎이 뒤집히도다.

鵲	踏	樹	梢	飜
까치 작	밟을 답	나무 수	나무끝초	뒤집힐번

世界名言

♣ 중상에 이기는 길은 그것을 경멸하는 것으로 족하다.

-러스킨-

NEW WORK BOOK

重要結構

琴潤絃猶響

금윤현유향: 거문고줄을 타니 소리가 더욱 운치가 있는데,

琴	潤	絃	猶	響
거문고 금	꾸밀 윤	줄 현	오히려 유	소리 향
琴	润	弦	猶	響

爐寒火尙存

노한화상존: 화로에는 차가운 기운이 함께 있어 불이 오히려 따스하구나.

爐	寒	火	尙	存
화로 노	찰 한	불 화	오히려 상	있을 존
爐	寒	火	尚	存

世界名言

♣ 인내는 집결된 끈기이다.

-카알라일-

NEW WORK BOOK

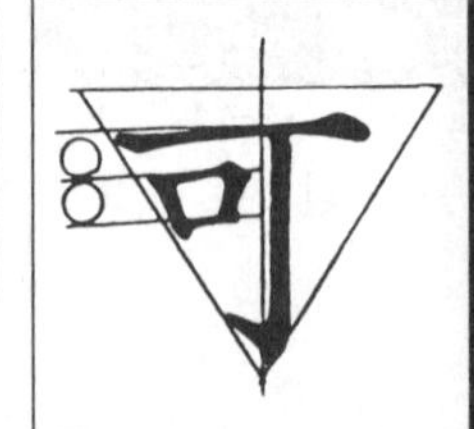

重要結構

泥途妨出入

니도방출입: 진흙길은 오고 가는데 방해가 되니,

泥	途	妨	出	入
진흙 니	길 도	방해할 방	날 출	들 입
泥	途	妨	出	入

終日可關門

종일가관문: 하루종일 걸었어도 겨우 관문에 도착하는구나.

終	日	可	關	門
마칠 종	날 일	옳을 가	관문 관	문 문
終	日	可	關	門

三 綱 五 倫(삼강오륜)

父爲子綱(부위자강) : 아들은 아버지를 섬기는 근본이고
君爲臣綱(군위신강) : 신하는 임금을 섬기는 근본이고
夫爲婦綱(부위부강) : 아내는 남편을 섬기는 근본이다.

君臣有義(군신유의) : 임금과 신하는 의가 있어야 하고
父子有親(부자유친) : 아버지와 아들은 친함이 있어야 하며
夫婦有別(부부유별) : 남편과 아내는 분별이 있어야 하며
長幼有序(장유유서) : 어른과 어린이는 차례가 있어야 하고
朋友有信(붕우유신) : 벗과 벗은 믿음이 있어야 한다.

朱 子 十 悔(주자십회)

不孝父母死後悔(불효부모사후회) : 부모에게 효도하지 않으면 죽은 후에 뉘우친다.
不親家族疏後悔(불친가족소후회) : 가족에게 친절치 않으면 멀어진 뒤에 뉘우친다.
少不勤學老後悔(소불근학노후회) : 젊을 때 부지런히 배우지 않으면 늙어서 뉘우친다.
安不思難敗後悔(안불사난패후회) : 편할 때 어려움을 생각지 않으면 실패 후에 뉘우친다.
富不儉用貧後悔(부불검용빈후회) : 부유할 때 아껴쓰지 않으면 가난한 후에 뉘우친다.
春不耕種秋後悔(춘불경종추후회) : 봄에 종자를 갈지 않으면 가을에 뉘우친다.
不治垣牆盜後悔(불치원장도후회) : 담장을 고치지 않으면 도적 맞은 후에 뉘우친다.
色不謹愼病後悔(색불근신병후회) : 색을 삼가치 않으면 병든 후에 뉘우친다.
醉中妄言醒後悔(취중망언성후회) : 술 취할 때 망언된 말은 술 깬 뒤에 뉘우친다.
不接賓客去後悔(불접빈객거후회) : 손님을 대접하지 않으면 간 뒤에 뉘우친다.

경조·증품 용어쓰기 (1)

祝生日	祝生辰	祝還甲	祝回甲	祝壽宴	謹弔	賻儀	弔儀	薄禮	餞別	粗品	寸志
祝生日	祝生辰	祝還甲	祝回甲	祝壽宴	謹弔	賻儀	弔儀	薄禮	餞別	粗品	寸志
축생일	축생신	축환갑	축회갑	축수연	근조	부의	조의	박례	전별	조품	촌지
축생일	축생신	축환갑	축회갑	축수연	근조	부의	조의	박례	전별	조품	촌지

경조·증품 용어쓰기 (2)

祝結婚 祝華婚 祝當選 祝榮轉 祝開業 祝落成 祝發展 祝入選 祝優勝 祝卒業 祝入學 祝合格

祝結婚 祝華婚 祝當選 祝榮轉 祝開業 祝落成 祝發展 祝入選 祝優勝 祝卒業 祝入學 祝合格

축결혼 축화혼 축당선 축영전 축개업 축낙성 축발전 축입선 축우승 축졸업 축입학 축합격

축결혼 축화혼 축당선 축영전 축개업 축낙성 축발전 축입선 축우승 축졸업 축입학 축합격

약자 · 속자 일람표 (1)

본자	약자 속자	뜻과 음	본자	약자 속자	뜻과 음	본자	약자 속자	뜻과 음
價	価	값 가	國	国	나라 국	兩	両	두 량
假	仮	거짓 가	權	权	권세 권	勵	励	힘쓸 려
覺	覚	깨달을 각	勸	勧	권할 권	歷	厂	지날 력
擧	挙	들 거	歸	帰	돌아올 귀	聯	联	잇닿을 련
據	拠	의지할 거	氣	気	기운 기	戀	恋	사모할 련
劍	剣	칼 검	寧	寕	편안할 녕	靈	灵	신령 령
檢	検	검사할 검	單	単	홑 단	禮	礼	예 례
輕	軽	가벼울 경	斷	断	끊을 단	勞	労	수고로울 로
經	経	글 경	團	団	모임 단	爐	炉	화로 로
繼	継	이을 계	擔	担	멜 담	屢	屡	자주 루
觀	観	볼 관	當	当	마땅할 당	樓	楼	다락 루
關	関	빗장 관	黨	党	무리 당	離	难	떠날 리
館	舘	집 관	對	対	대답할 대	萬	万	일만 만
廣	広	넓을 광	圖	図	그림 도	蠻	蛮	오랑캐 만
鑛	鉱	쇳돌 광	讀	読	읽을 독	賣	売	팔 매
舊	旧	오랠 구	獨	独	홀로 독	麥	麦	보리 맥
龜	亀	거북 귀	樂	楽	즐길 락	靣	面	낯 면
區	区	구역 구	亂	乱	어지러울 란	發	発	필 발
驅	駆	몰 구	覽	覧	볼 람	拜	拝	절 배
鷗	鴎	갈매기 구	來	来	올 래	變	変	변할 변

약자 · 속자 일람표 (2)

본자	약자 속자	뜻과 음	본자	약자 속자	뜻과 음	본자	약자 속자	뜻과 음
邊	辺	가 변	亞	亜	버금 아	轉	転	구를 전
竝	並	아우를 병	惡	悪	악할 악	傳	伝	전할 전
寶	宝	보배 보	巖	岩	바위 암	點	点	점 점
簿	⿱⺮沄	문서 부	壓	圧	누를 압	齊	斉	가지런할 제
拂	払	떨칠 불	藥	薬	약 약	濟	済	건널 제
寫	写	베낄 사	嚴	厳	엄할 엄	卽	即	곧 즉
辭	辞	말 사	與	与	줄 여	證	証	증거 증
狀	状	모양 상	譯	訳	통변할 역	參	参	참여할 참
雙	双	쌍 쌍	驛	駅	역 역	處	処	곳 처
敍	叙	펼 서	鹽	塩	소금 염	鐵	鉄	쇠 철
選	⿺辶⿱䒑共	가릴 선	營	営	경영할 영	廳	庁	관청 청
續	続	이을 속	藝	芸	재주 예	體	体	몸 체
屬	属	붙을 속	譽	誉	기릴 예	齒	歯	이 치
壽	寿	목숨 수	爲	為	할 위	廢	廃	폐할 폐
數	数	수 수	應	応	응할 응	豐	豊	풍년 풍
獸	獣	짐승 수	醫	医	의원 의	學	学	배울 학
濕	湿	젖을 습	貳	弐	두 이	號	号	이름 호
乘	乗	탈 승	壹	壱	하나 일	畫	画	그림 화
實	実	열매 실	殘	残	남을 잔	歡	歓	기쁠 환
兒	児	아이 아	蠶	蚕	누에 잠	會	会	모을 회

반대의 뜻을 가진 漢字 (1)

加	더할	가	減	덜	감
可	옳을	가	否	아니	부
甘	달	감	苦	쓸	고
强	강할	강	弱	약할	약
開	열	개	閉	닫을	폐
客	손	객	主	주인	주
去	갈	거	來	올	래
乾	마를	건	濕	축축할	습
京	서울	경	鄕	시골	향
輕	가벼울	경	重	무거울	중
苦	괴로울	고	樂	즐거울	락
高	높을	고	低	낮을	저
古	예	고	今	이제	금
曲	굽을	곡	直	곧을	직
功	공	공	過	허물	과
公	공평할	공	私	사사	사
敎	가르칠	교	學	배울	학
貴	귀할	귀	賤	천할	천
禁	금할	금	許	허락할	허
吉	길할	길	凶	언짢을	흉

暖	따뜻할	난	冷	찰	랭
難	어려울	난	易	쉬울	이
男	사내	남	女	계집	녀
內	안	내	外	바깥	외
濃	짙을	농	淡	엷을	담
多	많을	다	少	적을	소
大	클	대	小	작을	소
動	움직일	동	靜	고요할	정
頭	머리	두	尾	꼬리	미
得	얻을	득	失	잃을	실
老	늙을	로	少	젊을	소
利	이로울	리	害	해로울	해
賣	살	매	買	팔	매
明	밝을	명	暗	어두울	암
問	물을	문	答	대답할	답
發	떠날	발	着	붙을	착
貧	가난할	빈	富	부자	부
上	위	상	下	아래	하
生	날	생	死	죽을	사
先	먼저	선	後	뒤	후

반대의 뜻을 가진 漢字 (2)

玉	옥 옥	石	돌 석
安	편아할 안	危	위태할 위
善	착할 선	惡	악할 악
受	받을 수	授	줄 수
勝	이길 승	敗	패할 패
是	옳을 시	非	아닐 비
始	비로소 시	終	마칠 종
新	새 신	舊	예 구
深	깊을 심	淺	얕을 천
哀	슬플 애	歡	기쁠 환
温	따뜻할 온	冷	찰 랭
往	갈 왕	來	올 래
優	뛰어날 우	劣	못할 렬
遠	멀 원	近	가까울 근
有	있을 유	無	없을 무
陰	그늘 음	陽	볕 양
異	다를 이	同	한가지 동
因	인할 인	果	과연 과
自	스스로 자	他	남 타
雌	암컷 자	雄	수컷 웅

長	길 장	短	짧을 단
前	앞 전	後	뒤 후
正	바를 정	誤	그르칠 오
早	일찍 조	晩	늦을 만
朝	아침 조	夕	저녁 석
晝	낮 주	夜	밤 야
眞	참 진	假	거짓 가
進	나아갈 진	退	물러갈 퇴
集	모을 집	散	흩어질 산
天	하늘 천	地	땅 지
初	처음 초	終	마칠 종
出	나갈 출	入	들 입
表	겉 표	裏	속 리
豐	풍년 풍	凶	흉년 흉
彼	저 피	此	이 차
寒	찰 한	暑	더울 서
虛	빌 허	實	열매 실
黑	검을 흑	白	흰 백
興	홍할 흥	亡	망할 망
喜	기쁠 희	悲	슬플 비

잘못 쓰기 쉬운 漢字 (2)

漢字	뜻	음	漢字	뜻	음	漢字	뜻	음	漢字	뜻	음
市	저자	시	布	베풀	포	情	인정	정	清	맑을	청
伸	펼	신	坤	땅	곤	爪	손톱	조	瓜	오이	과
失	잃을	실	矢	살	시	准	법	준	淮	물이름	회
押	누를	압	抽	뽑을	추	支	지탱할	지	攴	칠	복
哀	슬플	애	衷	가운데	충	且	또	차	旦	아침	단
冶	녹일	야	治	다스릴	치	借	빌릴	차	措	정돈할	조
揚	나타날	양	楊	버들	양	淺	얕을	천	殘	나머지	잔
億	억	억	憶	생각할	억	天	하늘	천	夭	재앙	요
與	더불어	여	興	일어날	흥	天	하늘	천	夫	남편	부
永	길	영	氷	얼음	빙	撤	걷을	철	撒	뿌릴	살
午	낮	오	牛	소	우	促	재촉할	촉	捉	잡을	착
于	어조사	우	干	방패	간	寸	마디	촌	才	재주	재
雨	비	우	兩	두	량	坦	넓을	탄	垣	낮은담	원
圓	둥글	원	園	동산	원	湯	끓을	탕	陽	볕	양
位	자리	위	泣	울	읍	波	물결	파	彼	저	피
恩	은혜	은	思	생각할	사	抗	항거할	항	坑	묻을	갱
作	지을	작	昨	어제	작	幸	다행	행	辛	매울	신
材	재목	재	村	마을	촌	血	피	혈	皿	접씨	명
沮	막을	저	阻	막힐	조	侯	제후	후	候	모실	후
田	밭	전	由	말미암을	유	休	쉴	휴	体	상여군	분

특히 주의해야 할 획순

◆ 漢字를 쓸때에는 반드시 왼쪽에서 오른쪽 그리고 위에서 아래로 먼저 쓰며 대개 가로를 먼저쓰고, 세로를 나중에 쓴다.

九	力	乃	及	火
氷	上	左	右	女
心	必	方	房	州
田	里	馬	無	長
衰	兒	出	來	民
比	非	近	起	臣
青	門	狀	飛	書